Revolution in Stambul

Wolfgang Caspart

Revolution in Stambul

Ein interkultureller Diskurs
in Geschichte und Soziologie

Bibliografische Information der Deutschen Nationalbibliothek
Die Deutsche Nationalbibliothek verzeichnet diese Publikation
in der Deutschen Nationalbibliografie; detaillierte bibliografische
Daten sind im Internet über http://dnb.d-nb.de abrufbar.

ISBN 978-3-631-85966-7 (Print)
E-ISBN 978-3-631-85967-4 (E-PDF)
E-ISBN 978-3-631-85968-1 (EPUB)
DOI 10.3726/b18600

© Peter Lang GmbH
Internationaler Verlag der Wissenschaften
Berlin 2021
Alle Rechte vorbehalten.

Peter Lang – Berlin · Bern · Bruxelles · New York ·
Oxford · Warszawa · Wien

Das Werk einschließlich aller seiner Teile ist urheberrechtlich
geschützt. Jede Verwertung außerhalb der engen Grenzen des
Urheberrechtsgesetzes ist ohne Zustimmung des Verlages
unzulässig und strafbar. Das gilt insbesondere für
Vervielfältigungen, Übersetzungen, Mikroverfilmungen und die
Einspeicherung und Verarbeitung in elektronischen Systemen.

Diese Publikation wurde begutachtet.

www.peterlang.com

Inhaltsverzeichnis

Vorwort 9

Im Kaffeehaus 11

Die Botschaft und ihre Folgen 15

Die Janitscharen 23

Der Sturz 27

Abdankung und Thronwechsel 31

Die Revolution 37

In unruhigen Zeiten 43

Über die Richter 47

Die Mufti und Priester 51

Die Laufbahn 55

Die Anwerbung 59

Der fortgesetzte Krieg gegen die Perser 63

Inhaltsverzeichnis

Im Dienst 67

Der Besuch der Suleimanije 71

Ein wichtiger Tag 75

Der Bericht 79

Frauenprobleme 83

Bei den Franken 93

In der Festung 97

Der weitere Bericht 101

Erste Medresenerfahrungen des Sohnes 105

Noch ein Bericht 107

Der Gegenschlag 111

Die Falle 113

Die Vertilgung der Rebellen 115

Am Bosporus 119

Zwei Freunde 123

Inhaltsverzeichnis　　　　　　　　　　　　7

Am Weg nach Üsküdar 129

Erste Reformen 135

Nachwehen 139

Literatur 143

Sachregister 145

Vorwort

Die Vorstellungen von den Osmanen schwankt in ihren Nachbarländern und überhaupt im Abendland – von den Türkengräuel über „Lieber Türk als Pfaff" bis hin zum edlen Bassa Selim in Mozarts „Entführung aus dem Serail". Ein Blick in das Innenleben des Osmanischen Reiches zu einer Zeit, als es noch nicht zum „kranken Mann am Bosporus" geworden war, zeigt ein lebendiges Bild einer den Meisten unbekannten Kultur.

Die Französische Revolution 1789 bis 1799 und der Amerikanische Unabhängigkeitskrieg 1776 bis 1783 beherrschen die Revolutionsgeschichte des 18. nachchristlichen Jahrhunderts. Sie dauerten unterschiedlich lange, bevor sie auf verschiedene Weise zu Ende gingen. Mit dem Blick auf das Abendland übersieht der Abendländer aber zugleich, dass sich schon vorher 1730 bis 1731 n.Chr. auch im Osmanischen Reich gleichfalls blutige Unruhen und heftige Umwälzungen ereignet haben.

Nun haben alle Revolutionen ihre Vorgeschichte, ihre Anlässe und ihre Auslöser. Der amerikanische Unabhängigkeitskrieg wurde entschieden durch die Intervention der bourbonischen Mächte Frankreich und Spanien aus Rache an England für ihre Niederlage im Siebenjährigen Krieg. In diesem letztlich kolonialen Krieg übernahm sich das siegreiche Frankreich vor allem finanziell zu sehr, sodass noch die königliche Regierung mit tiefgreifenden Reformen begann und damit die Revolution von 1789 auslöste. Dieser amerikanisch-europäischen Ereignisse hängen also eng zusammen und sind in Europa wie Amerika vielfach bekannt.

Der Orient spielte im „Westen" ein Eigenleben. Die sunnitischen Türken befanden sich in einer Auseinandersetzung mit den schiitischen Persern, ihren östlichen Erbfeinden, und wollte die westlichen Provinzen dieses Reiches zurückgewinnen, auf welche sie in der ersten Hälfte des 17. Jahrhunderts verzichten mussten. Dazu kommt noch die lange prunkvolle Regierung des osmanischen Sultans Ahmed III., welche allmählich weite Teile der Stambuler Unterschicht verärgerte. Die weitere Geschichte ist Gegenstand dieses Werkes, entwickelt sie aber in einer romanhafter Rahmenhandlung und hält sich dabei genau an die tatsächlichen Ereignisse.

Der besondere Reiz der romanhaft dargestellten Handlung liegt weiteres in der soziologischen und psychologischen Verfassung einer in dieser Form nicht mehr direkt verhandeln Gesellschaft. Eingebettet in eine romanhafte Rahmenhandlung werden Geschichte, Soziologie und Psychologie der Osmanen des 18. Jahrhunderts vor ihrer zunehmenden Verwestlichung im 19. Jahrhundert dargestellt und zeigt ein Selbstverständnis, um das es in abgewandelter Form vor allem auch heute noch geht. Insgesamt vermittelte sie einen verständnisvolleren Blick in die Entwicklung des Islam. Nos quoque, wir auch.

Im Kaffeehaus

Wie so oft saß Mustafa Tschelebi am Platz vor der Eski Imaret Dschami (Freitagsmoschee) in seinem gewohnten Kahwehane (Kaffeehaus) zwischen der Sultan Mehmet Fahti Dschami und dem Dschubali Kapu (Tor) der Stadtmauer am Halitsch (Goldenen Horn), um dem Meddah (Erzählkünstler oder Märchenerzähler) zu lauschen. Seinen stark gesüßten und dicken Mokka schlürfend hört er Ibrahim, den Meddah, „die Abenteuer Ibrahim Mahadis, des Bruders des Kalifen Mamun" gestenreich und temperamentvoll vortragen. So sparte Mustafa denn nicht, dem Mimen 5 Paras zu spenden.

Wie er so dem versöhnlichen Ausgang der Geschichte nachhing, fiel ihm ein Perser auf, dessen Herkunft er sogleich an seinem Kalpak (hohen Pelzmütze) erkannte. Dieser saß nahe von ihm am Sofa. Da Mustafa Tschelebi in der Medrese (Koranschule) auch die poetische Sprache der Perser gelernt hatte, sprach er ihn alsbald in dessen Sprache an: „Verehrter Fremder, verzeih mir meinen türkischen Tonfall des Farsi (Persischen), aber ich sehe, daß auch Du ein gebildeter Mann bist und hier in der Hauptstadt des Padischah (Großkönig) sicher wichtigen Geschäften nachgehst."

„Edler Herr", antwortete der Perser, „an Deinen geläufigen Worten erkenne ich, dass auch Du zu den oberen Schichten gehörst. Darf ich Dich also mit Efendi (höchster Ziviltitel) ansprechen?"

„Dieser hohe Titel ehrt mich, ich bin aber kein Kadi, sondern nur ein Tschelebi (vornehmer Ritter). Ich habe nämlich nach meinen Studien kein Staatsamt übernehmen wollen. Mein Vater gab mir den Namen Mustafa, in Erinnerung und Verehrung für den vormaligen Sultan. Er vererbte mir vor nicht allzu langer Zeit die Verwalterstelle (Mütewelik) einer frommen Stiftung (Wakf), von der ich auskömmlich leben kann."

„In Deiner Abgeschiedenheit musst Du wohl ein vermögender Herr sein, wie ich an Deinem Selimi (eine aufwendige Turbanform) zu erkennen vermute. Ich selber habe in der verehrten Stadt Kerbela den heiligen Koran und die Scharia studiert und darf mich als Chodschatolislam (zweithöchsten theologischer Rang Persiens) zu erkennen geben und Arya nennen."

„Nun so hat der Auserwählte (Mustafa) eine edle (Arya) Bekanntschaft gemacht! Ohne uns unhöflich gleich in die Feinheiten und Unterschiede zwischen unseren Glaubensrichtungen zu vertiefen, darf ich Dich fragen, was Dich hier in die Stadt (Istanbul) führt."

Arya: „Leider lässt sich unser religiöser Gegensatz aber beim besten Willen nicht völlig ausschließen, sondern hat sich wieder einmal machtpolitisch ausgewirkt, auch bei mir. Ich versprach mir nämlich in unserer Hauptstadt Isfahan ursprünglich eine glänzende Laufbahn, doch nun haben unter Eschref die Afghanen, Deine sunnitischen Glaubensbrüder, unseren schiitischen Schah aus dem edlen Stamm der Safawiden vertrieben und gefangen gesetzt. Ich musste also flüchten und bin nun ausgerechnet bei Euch Sunniten gelandet. Doch immerhin habe ich ja im Irak Arabi (Zwischenstromland zwischen Euphrat und Tigris) Eures Reiches studiert. Ich hoffe freilich, dass es in Persien zu einem Umschwung kommen wird, wie es bereits den Anschein hat. Dann kann ich wieder zurückkehren."

Da meldete sogleich Mustafa Tschelebi deutliche Bedenken an: „Unser Großwesir (Regierungschef und Vize-Sultan) Newschehirli (aus Newschehir, Neustadt) Damad (Schwiegersohn des Sultans) Ibrahim Pascha (militärische Exzellenz) hat doch mit dem russischen Zaren Peter ein Teilungsabkommen geschlossen und umgesetzt. Während wir die westlichen Provinzen Eures Reiches vom Fluss Kur über Hamadan bis Kermanschah erhalten sollten, wurden den Moskowitern die Küsten entlang des Kaspischen Meeres zugesprochen. Diesem doppelten Zangengriff wird Persien auf Dauer wohl kaum widerstehen können. In Georgien ist der Sohn des letzten Königs zum Islam übergetreten und ist mit zwei Roßschweifen (militärisches Rangabzeichen der zweithöchsten Klasse) zu unserem Khan (Fürsten) eingesetzt worden."

Dies konnte der Hodschatolislam Arya nicht auf sich sitzen lassen: „Ich habe mich zwar im Judenviertel Hassköi eingemietet, glaube aber immer noch gute Beziehungen zu meiner geliebten Partei Alis (den Schiiten) aufrecht zu halten und Informationen zu bekommen. Am prunkvollen Empfang des Gesandten des neuen Schah Eschref am 3. Moharrem 1141 der Hidschra (9. August 1728 nach Christi Geburt) in Istanbul habe ich nur in der Menge stehend als Flüchtling und ferner Beobachter teilgenommen, aber gehofft, dass sich die Zeiten ändern würden. Der safawidische Prädententen Tahmasp nahm von Chorasan (im Nordosten Persiens) aus mit den Herrschern Hindustasn (Indiens) und Kandahars Verbindung auf. Vor allem aber trat der Gewalthaber Chorasans, Nadir (der Einzigartige) Kulichan (dienender Fürst) Afscharli (Angehöriger des Afscharen-Stammes), den Angriff auf den Thronräuber an. Zunächst nahm er Herat und Meschhed ein und schlug Eschref in drei blutigen Schlachten, die letzte vor Isfahan. In seiner wütenden Verzweiflung ermordete Eschref den dort immer noch gefangen gehaltenen unglücklichen alten Schah Hussein. Danach flüchtete er nach Belutschistan in den Osten, wo er im heurigen Winter (Januar 1730) von den Einwohnern zusammengehauen wurde. Wieder im Besitz des väterlichen Throns schickt Schah Tahmasp II. nun als Botschafter Risakulichan in Eure Hauptstadt. Sobald er hier ist, werde ich ihn aufsuchen und ihm meine Dienste anbieten."

Mustafa Tschelebi meinte dazu: „Von dieser Entwicklung habe ich gehört. Persönlich wünsche ich Dir viel Erfolg, doch ist die Zukunft immer offen und liegt in Allahs Hand, gepriesen sei der Barmherzige. Schwerlich kann ich mir vorstellen, dass Ihr Perser dauerhaft auf Eure westlichen Provinzen verzichten werdet, und wir werden sie nicht so ohne weiteres herausgeben. Das Ganze scheint nach Krieg zu riechen."

Mit diesen ernsten Gedanken verfielen die beiden in ein nachdenkliches Schweigen. Arya verabschiedete sich dann mit den Worten: „As-salāmu alaikum" (Friede sei mit Dir), und Mustafa grüßte ihn gemäß der Aufforderung nach Sure 4, Vers 86: „Waʿalaikumu s-salām" (Und auch Dir sei Friede). Der Chodschatolislam ging zum Hafen hinunter, um sich nach Hassköi hinüber rudern zu lassen, dort in der Taverne seines Nachbarhauses etwas verbotenen Wein zu trinken und anschließend mit einem der dortigen Mädchen eine für Schiiten erlaubte Muta Nikah (Genußehe auf Zeit) zu schließen. Der Tschelebi verfügte sich in ein nahes Hamam (öffentliches Bad), um danach den Heimweg zu seiner Familie anzutreten.

Die Botschaft und ihre Folgen

Wie der Kapidschi Baschi (einer der Kammerherrn des Sultans) Mehmed Aga (Herr) von seinem Freund Sami Efendi, dem Reichsgeschichtsschreiber erfuhr, hat sich Risakulichan sogleich zum Großwesir begeben und die Rückgabe der an die Osmanen verlorenen Provinzen zu verlangen. Sami schilderte Mehemd Aga:

„Mitten in die Verhandlungen platzte die Nachricht herein, dass die persischen Heere bereits die osmanischen Grenzen angefallen haben. Den alten Turkmanen Safikulichan ernannte ihr neuer Schahinschah (Großkönig) zum Feldherrn und rüstete von Urmia aus wider unser Tebris."

Der Kapidschi Baschi fragte: „Wie wird in Anbetracht der grundsätzlich friedfertigen Gesinnung unseres Großwesirs die Antwort des Diwan (der Regierung) auf diesen frevelhaften Angriff im Frieden ausfallen?"

Sami Effendi schilderte nun: „Am 8. Moharrem 1143 d.H (30. Juli 1730 n.Chr.) wurde in einer großen Versammlung beschlossen, den Krieg gegen Persien (Farsistan) zu erklären. Der persische Gesandte wurde zugleich nach Lemnos verwiesen. Gleich wurden wie üblich die kaiserlichen Rossschweife vor dem Bab ul Selam (Begrüßungstor, dem zweiten Tor des Serais oder Ortakapu) aufgesteckt.

Zu dieser Feierlichkeit wurden die Großen des Hofes und des Staates sowie die Herren des kaiserlichen Steigbügels vom Großwesir eingeladen, sich vor dem Sonnenaufgang im kaiserlichen Serai einzufinden. Der Großwesir war der natürliche Chef aller Departements und stand an der Spitze aller Zivil- Militär-, Finanz- und politischen Geschäfte. Er verkörperte das sichtbare Gegenbild des Sultans, der in das heilige Dunkel seines Hofes gehüllt blieb, keinem anderen Minister oder Staatsbeamten direkt zugänglich war und durch ihn allein als seinen vollgewaltigten Stellvertreter seine Macht ausübte. Er hatte wie der Padischah freie Willkür über Leben und Tod in allen durch die Scharia nicht beschränkten Fällen. Alles neigte sich vor seinem Ansehen, selbst die Hofbeamten und Würden des Harems.

Das Symbol der höchsten Machtvollkommenheit und Vollgewalt bildete das Siegel des Großherren mit seinem Namenszug (Tughra). Es war das Wahrzeichen der ihm anvertrauten Macht und übergebene Gewalt. In die

Hände des Großwesirs gelegt und von ihm auf der Brust getragen, war seine Ausstrahlung so groß, dass kein Minister Widerstand oder auch nur Widerspruch wagen durfte, ohne seinen Kopf aufs Spiel zu setzen. Jeder seiner Befehle wurde so geachtet, als wenn er vom Throne und aus dem Mund des Sultans selbst ausgegangen wäre. Auch genoss er fast königlichen Ehren und sein Auftreten trug das Gepränge höchster Würde und Macht. Die vorzüglichsten Unterscheidungszeichen seiner Würde waren die fünf Roßschweife, sein Amtspelz (Ust Kürk) aus mit schwarzem Zobel ausgeschlagenem weißen Atlas. 12 Handpferde gingen ihm bei allen öffentlichen Aufzügen voraus und bei Ausfahrten seines Ruderschiffes mit 13 Ruderern war gleich wie beim Sultan selbst. Zog er in den Krieg, trug er einen Ehrenpelz (Kapanidscha) und zwei brillantene Reigerbüsche am Turban. War der Sultan durch Unpässlichkeit oder aus welchen anderen Ursachen auch immer am Mittagsgottesdienst des Freitags verhindert, vertrat der Großwesir diesen mit dem großherrlichen Gefolge. Vor allem führte er fünfmal in der Woche den Vorsitz im Diwan (Reichsrat) in seinem eigenen Palaste, der Hohen Pforte, sofern dieser nicht im Serai des Sultans selbst stattfand.

Demnach erschienen jetzt auf seinen Befehl die Wesire, der Mufti, die beiden Kadiaskere, die Defterdare und die Herren des Steigbügels. Die Wesire zeigen sich im Selimi (Hofturban) und Erkian Kürk (der Halbgala), der Mufti im kugelförmigen Turban (Urf) und weißen Erkian Kürk, der Defterdar (Finanzminister) und der Nischandschi Baschi (der Staatssekretär für den Namenszug des Sultans, der Tughra) in Selimi und und Erkian Kürk, die Kammerherren (Kapidschi Baschi) und die Herrn der Jagd im Diwanreitzeug. Auf der rechten Seite des Tores harrten sie der Ankunft des Zuges des Großwesirs und gesellen sich zum Mufti, dem Reichbannerträger und Vorsteher der Emire (Nakibol Eschraf), den Generalen der Kavallerie (Sipahi und Silihdare) und des Munitionswesens (zugleicher Waffenschmiede).

In feierlichem Zuge nahte sich danach aus der Hohen Pforte der Großwesir selbst in Selimi und Erkian Kürk mit dem Reis Efendi (Staatssekretär und Außenminister) und dem Tschausch Baschi (Reichsmarschall und Polizeiminister), alle im hohen Staatsturban (Mudschewese). Nun rief der Muezzin des Serais zum Gebet der Sure des Sieges, darin der 10. Vers: „Gewiss, diejenigen, die dir den Treueid leisten, leisten (in Wirklichkeit) nur Allah den Treueid; Allahs Hand ist über ihren Händen. Wer nun (sein Wort) bricht, bricht es nur zu seinem eigenen Nachteil; wer aber das einhält, wozu er sich

Allah gegenüber verpflichtet hat, dem wird Er großartigen Lohn geben." Nach deren Beendigung wurden die kaiserlichen Roßschweife aus dem Audienzsaal (Arz Oda) herausgetragen, von der ganzen Versammlung nach altem Brauch in Ehrfurcht übernommen und an ihrem Platz aufgepflanzt. Dazu beteten der Mufti, der Nakibol Eschraf, der Lehrer des Sultans und der Scheich des Serai, während zugleich Opfertiere geschlachtet wurden. Nach dieser Zeremonie verfügten sich die Teilnehmer nach Hause, wo die Inhaber von Roßschweifen diese gleichfalls aufstecken ließen.

„Ich habe gesehen," bestätigte der kaiserlichen Kammerherr Mehemd Aga, „dass am 18. Moharrem 1143 (3. August 1730) die Heilige grüne Fahne (Sandschak i scherif, das Banner Mohammeds, das Reichspanier) mit dem Großwesirs über das Meer nach Üsküdar (Skutari) ausgezogen ist. Schon vor Sonnenaufgang haben ihn die Janitscharen (Eliteinfantrie), Topdschi (Kanoniere) und Dschebedschi (Waffenschmiede) zum Empfang erwartet."

„Richtig," bestätigte der Reichsgeschichtsschreiber, „denn mit Sonnenaufgang wurde unser Herr, der erhabene Sultan, selbst erwartet. Schon waren die Fahnen der Herdschaften (kaiserlichen Truppenkorps), die Rossschreife, die Agalar, die Handpferede und die Kapellen aufgezogen, aber der großmächtige Padischah erschien immer noch nicht. Damad Ibrahim Pascha ahnte unvorhersehbare Hindernisse und begab sich deshalb wieder über das Meer zurück in das Serai. „Seine Ankunft beobachtete auch Mehmed Aga: „Der erhabene Großherr (Sultan) missbilligte jetzt die Eile des Auszuges mit der Heiligen Fahne für heuer. Deswegen weigerte sich seine Majestät (Haschmet oder Efendim), der Humajun (Kaiser) duchaus, mit ihr nach Üsküdar zu ziehen."

Der Kammerherr Mehmed Aga hörte, dass der Großwesir den Janitscharenage Ismail nach Üsküdar zurücksandte, um zu sehen, wie die Lage bei der Truppen stünde. Dieser kehrte mit dem Bericht zurück: „Die Janitscharen sind seit Mitternacht auf den Beinen und des Sultans gewärtig. Wenn der Großherr nicht käme, würden sie sich schwerlich zufrieden geben."

Der Kapidschi Baschi fuhr fort: „Nun hat seine Majestät kein anderes Mittel gesehen, als wider Willen die heilige Fahne zu nehmen und sich um ein Uhr Nachmittag einzuschiffen."

Daraufhin der Reichsgeschichtsschreiber Sami: „Kein günstiges Vorzeichen, ist es doch bei uns Brauch, wichtige Unternehmen am Morgen und nicht am Nachmittag stattfinden zu lassen. Jedenfalls wurde der Plan gefasst, dass der Großwesir sein Winterquartier mit den Truppen in Haleb (Aleppo) oder Amasia nehmen sollte. Der großmächtige Sultan wolle zu Brussa oder Üsküdar bleiben. Der Aufbruch war für den 18. Safer (2. September) vorgesehen."

Als Augen- und Ohrenzeuge ergänzte nun der Kammerherr Mehmed Aga: „Der Zeitpunkt des Aufbruches wurde dann noch zweimal verschoben, zunächst auf den 1. Rebiul-ewwel (14. September) und dann nochmals auf 10 Tage später, unmittelbar nach dem Geburtstagsfest des Propheten. Indessen traf die Nachricht ein, dass ein Nachschubtransport des Köprilisade Abdullah Pascha nach Trebris von 4.000 Reitern und 600 mit Lebensmitteln beladenen Kamelen von den Persern angegriffen und weggenommen worden sind. Anschließend wurde noch Köprilisade Abdullah Pascha selbst angegriffen und geschlagen, sodass er sich nach Eriwan zurückziehen musste. Damit nicht genug wurde berichtet, dass Hamadan, Kermanschah und Tebris gefallen sind. Das Gerede nahm überhand, wonach dies aufgrund der Weisungen des Großwesirs an den Befehlshaber von Tebris geschehen sei. Dem Scheich ül Islam (Großmufti) und dem Scheich der Aja Sofia (Hegia Sophia) Ipirisade kamen aufrührerische Zettel zu, die in die Moschee geworfen worden sind. Mehrere warnten deshalb den Kjajabeg (Innenminister) des Großwesirs vor diesen Zeichen einer nahen Gefahr, doch der wies verachtend die Warner mit Schande zurück. Weder er noch der Großwesir glaubten das Geringste zu befürchten."

Auf dem Weg in sein Kaffeehaus vor der Eski Imaret Dschami (Moschee der alten öffentlichen Ausspeisung) sah der uns schon bekannte Mustafa Tschelebi am 15. Rebiul-ewwel (28. September) wie sich vor dem Tor der Sultan Bajesid Dschami zunächst 17 Janitscharen zusammenrotteten. An ihrer Spitze rief ein Arnaute (Albaner oder Albaneser) namens Patrona Chalil, ein Eski (Alter oder Veteran) vom 7. Janitscharenregiment, der einmal auf dem Flaggschrift der Marine Dienst tat:

„Wir haben gesetzmäßige Forderungen. Wer vom Volke Mohammeds schließe die Buden und komme zur Fahne!"

Mit diesen Geschrei zogen sie zum Besestan (oder Tschaschi, dem gewölben Basar), wo einige Kaufleute tatsächlich erschrocken ihre Läden schlossen. Nach diesem rebellischen Erfolg sah der Tschelebi, wie dieser Haufen nach dem Etmeidan (Fleischmarkt) vor den Toren der Kasernen der Janitscharen zurückflutete, dem traditionellen Sammelplatz der Unzufriedenen und aller Aufrührer. Dorthin brachten sie den Kessel (Symbol der Einheit) des ersten Janitscharenregimentes, welches direkt dem Kulkjaja (stellvertretenden General der Janitscharen) untersteht. Bestärkt begab sich Patrona Chalil daraufhin zur Pforte (dem Amtssitz) des Janitscharenaga, dem Jangin-Köschk nahe der Sultan Suleiman Mosche beim Turm der Feuerwache und dem Eski (alten) Serai.

Er rief: „Wir fordern die Freilassung der Gefangenen!"

Dem neuen Janitscharenaga Hassan fehlte es nicht nur an dem Mut, sich diesen frechen Begehren der rote Kopfbinden (Sarik) Tragenden zu widersetzen, sondern auch auf seinem Posten zu bleiben, vielmehr ergriff er in Verkleidung die Flucht.

Patrona Chalil ritt sofort weiter nach den Kasernen der Dschebedischi (Waffenschmiede), aus denen er den Kessel des 5. Janitscharenregiments holte und nach den Etmeidan brachte. Das zusammengelaufene Gesindel aus befreiten Sträflingen und müßigen Handwerkern bewaffnete sich durch Plünderung des nahen „Tödelmarktes" und schloss den „Sattelmarkt". Obwohl es Freitag war, mußte aufgrund dieser Unruhen der öffentliche Ausritt des Sultan und Nacholger des Kalifen zum Euile namazy (Mittagsgebet, arabisch Salat Zuhhur) ausfallen.

Mit dieser Skandalnachricht eilte Mustafa Tschelebi zur Hohen Pforte des Großwesirs, dessen Regierungssitz und -palast, um Bericht zu erstatten. Dazu wandte er sich an seinen früheren Mudderis (Professor) Sami Efendi, den jetzigen Reichsgeschichtsschreiber. Hier erfuhren sie am Nachmittag von den weiteren Ereignissen in der Stadt:

Der Kjajabeg und der Janitscharenaga flüchteten nach Üsküdar. In den Uferpalast des Sultans (Jali Köschk) berief mittlerweile der Großwesir den Großmufti (Scheich ül Islam), die Wesire (Paschalar mit drei Rossscheifen), Ulema (hohe Geistliche und Richter), Scheiche (Leiter der Moscheen), Chodschagan (oberste Finanzbeamte) und Generale zusammen. Hier wurde beschlossen, dass der Großherr mit dem Sandschak i scherif, den Prinzen und dem ganzen Hof nach Stambul (die Innenstadt innerhalb der Umfassungsmauern des alten Konstantinopel) zurückkehren sollte. Bevor er sich am 16. Ribiul-ewwel 1143 (29. September 1730) einschiffte, fragte der Sultan noch seine Schwester Chadidsche Schultana um Rat. Diese empfahl ihrem Bruder: „Behalte alle Minister bei Dir, um für den Fall, dass die

Rebellen den Kopf des einen oder anderen fordern sollten, Du durch das Opfer derselben umso sicherer den Deinen retten kannst."

Sami Efendi und Mustafa Tschelebi sahen, wie gegen 10 Uhr in der Nacht der Sultan am Topkapu (Kanonentor) des Serais landete und sich daraufhin in den dritten Hof dieses seines Palastes begab, um vor dem Zwischensaal zum Mantel des Propheten (Reliquienort) die Minister und Ulema vor sich zu versammeln. Der Großwesir hielt es für zweckmäßig, den abgesetzten Richter von Stambul, Sulali Hasan Efendi von seinem Meierhof in den Serai zu berufen. Da dieser wie Patrona Chalil ein Albaner war, verdächtige er den ehemaligen Oberrichter mit diesen in heimlichem Einvernehmen zu stehen. Mit diesem Auftrag betraute er den Bostantschi Baschi (Befehlshaber der kaiserlichen Gartenwache). Dann brachte der Schwiegersohn des Sultans, Großwesir Damad Ibrahim Pascha, das Ausziehen der Heiligen Fahne zur Sprache.

Der Janitscharenaga riet davon ab: „Wenn niemand von außen sich dem heiligen Reichspanier anschließen kann, nützt dies nichts,"

Die beiden Bekannten erfuhren nun, dass beschlossen wurde, den Sandschak i scherif am Mitteltor (Ortakapu oder Bab ul Selam, dem Tor des Friedens) aufzustecken. Der Chassekiaga (der zweite Offizier der Gartenwache) wurde mit 20 Bostandschi mit dem Auftrag des Sultans an die Rebellen gesandt, dass er ihre billigen Begehren gewähren wolle und sie sich zerstreuen sollen. Sie entgegneten: „Mit dem Padischah sind wir zufrieden. Aber wir verlangen, dass binnen zwei Stunden die vier Verräter lebendig ausgeliefert werden, der Großwesir, sein Kjajabeg, der Kapudanpascha (Großadmiral und Marineminister) und der Mufti."

Der Sultan übergab daraufhin den Kjajabeg und den Kapudanpascha in den Gewahrsam der Bostandschi (Gartenwache) und sandte den Chassekiaga nochmals zu den Aufständischen mit dem Wort des Großherren: „Den Großwesir und den Großmufti will ich absetzen. Damit möchtet ihr Euch begnügen und das Leben der beiden nicht fordern. Der Kjajabeg und der Kapudanpascha werden Euch ausgeliefert."

Die Aufrührer antworteten: „Mit der Absetzung und Verbannung des Muftis begnügen wir uns. Doch der Großwesir muss uns ausgeliefert werden."

Den Segbanbaschi (einen der Janitscharen-Generale) wollte man nun zum Janitscharenaga ernennen, doch dieser entschuldigte sich: „Wenn ich nicht auf die Seite der Rebellen trete, würde ich in tausend Stücke zerrissen werden."

Die Wesire und Ulema zogen sich nun zurück und übernachteten im dritten Hof des Serais. Schon tief in der Nacht beschlossen nach diesen Aufregungen auch die Sami Efendi und Mustafa Tschelebi schlafen zu gehen. Sami verabschiede sich mit dem üblich „As-salāmu alaikum" (Friede sei mit Dir), Mustafa antwortete auf den Gruß seines Professors höflich „Waʻalaikumu s-salām" (Und auch Dir sei Friede) um sich auf den Köschk über dem ersten Seraitor (Bab i Humajun, Kaisertor) zurückzuziehen, Während der Reichsgeschichtsschreiber Sami Efendi auf den in seinem Notquartier gleichfalls ruhenden Kammerherrn Mehmed Aga antraf, machte sich Mustafa Tselebi durch die zwar fisteren, aber immer noch etwas unruhigen Straßen und Gassen auf den Weg nach Hause zu seinen drei Kindern und seiner Frau Aische (die Lebhafte).

Die Janitscharen

Aische Hatun (Ehrenbezeichnung für eine Frau) erwartete Mustafa schon sehnlichst und freute sich, ihn unbeschadet wiederzusehen. Auch die zwei älteren Kinder Omer und Farudscha erwachten, gemeinsam setzten sie sich in des größte Zimmer des Selamlik (Männerabteilung des Hauses). Aische machte rasch ein Pilaw (Reisfleisch) warm und fragte Mustafa nach dem späten Essen um die Geschehnisse. Nach seinen Schilderungen fragte sie ihn:

„Auch ich sah einen großen Auflauf in der Nähre unseres Hauses. Du sprachst über die Rolle der Janitscharen an den Ereignissen. Wie Du weißt, sind wir Frauen in den Staatsgeschäften unerfahren, sodaß ich ziemlich ratlos bin und Dich bitte, mir und den Kindern das Wesen der Janitscharen zu erklären."

Mustafa: „Liebe Beherrscherin meines Herzens, das wird eine lange Erzählung. Jenitscheri heißen wörtlich ‚junge Soldaten' und haben eine weit zurückreichende Geschichte. Bis zum Großvater des jetzigen Padischah Mohammend IV. rekrutierten sie sich aus dem Knabenzins der unterworfenen christlichen Untertanen. Diese Söhnen kamen zu türkischen Bauern, um unsere Sprache und den islamischen Ritus zu erlernen, worauf sie dann zur militärischen Ausbildung in die Kompanien der Adschem Oglan (Unerfahrene Knaben) eingezogen wurden, um schlußendlich auf die 196 Ortalar (Regimenter) der Janitscharen verteilt zu werden. Seitdem kommt der Nachwuchs aus den Söhnen der älteren Janitscharen als Adschem Oglan (unerfahrene Knaben) zur Ausbildung."

Aische Hatun: „Folglich sind die heutigen Janitscharen wohl brave Muslime, aber weniger diszipliniert".

Mustafa Tschelebi: „So ist es. Zumal sich immer mehr muslimische Untertanen darum drängen, in die Musterrollen der Janitscharen eingetragen zu werden, um nur ihr Ansehen und deren Vorteile zu genießen, ohne Militärdienst leisten zu müssen,."

Omer fragte seinen Vater: „Lieber Baba (Vater), wie gliedern sich die Janitscharen?"

Mustafa führt aus: „Mein Sohn, die 196 Regimenter teilen sich auf in 62 Buluk (Pulke oder Rotten), 33 Segban (die ursprüngliche Infanterie) und 100 Dschemaat (Versammlung auch Piade oder Jaja genannt). Eine Orta fehlt, sie wurde einmal wegen Versagen im Felde aufgelöst. Dazu kommen noch die Kompanien der Adschem Oglan."

Omer: „Ich habe aber nicht nur von Ortalar (Mehrzahl für Orta) gehört, sondern auch von Odalar. Was heißt das?".

Mustafa: „Oda heißt Kammer, wie Du aus dem Sprachunterricht weißt. Jedes Regiment hat auch eine Kammer, es umfasst alle ins Felde ziehenden oder sonst Dienst tuenden Soldaten einer Garnison. Die Orta ist größer und beheimatet noch die Dienstuntauglichen (Eski oder Alten), Veteranen (Oturak), Ehrenmitlieder, Pensionierten (Murekaidin) und Waisenkinde Eitam (oder auch Fodolakoran, auch Brotfresser genannt). Rechnest Du das Regiment auf etwa 400 Mann, so kommt die Kammer auf ungefähr 200 Mann. Insgesamt darfst Du also mit ungefähr 40.000 aktiven Janitscharen rechnen."

Nun meldete sich auch Farudscha (die Einzigatige) mit einer Frage zu Wort: „Dürfen Janitscharen auch heiraten und wenn ja in welchem Alter?"

Mustafa Tschelibi wusste: „Ursprünglich war es den Janitscharen verboten, Frauen zu heiraten und Kinder zu haben. Doch seit einiger Zeit ist ihnen beides erlaubt, sobald sie sich ausgezeichnet haben. Sonst gäbe es ja auch keine Brotfresser. Sie sind dadurch zu einer inneren Macht geworden, vor der Diwan und Serai großen Respekt haben, um nicht Angst zu sagen."

Omer bleib neugierig: „Wie unterscheiden wir die Janitscharen von den anderen Fußtruppen des Hunkiar (Herrschers)?"

Schon etwas müde gab ihm sein Vater Bescheid: „Die Janitscharen schlagen die Enden ihrer langen, meist blauen Kaftane vor ihren Füßen in den Gütelschal. Vor allem tragen sie bei offiziellen und zeremoniellen Gelegenheiten weiße, ziemlich steife Mützen, die vorne das Futtteral aus Messing für ihre Löffel tragem, aber nach hinten bis über die Schultern zurückgeschlagen sind. Die Mützen ihrer Offiziere haben eine goldenen Kopfumrandung zur Halterung des Löffelfutterals, die Hauptleute aber einen Helm mit Federbusch. – Jetzt aber genug, legen wir uns zum Schlafen nieder!"

Zufrieden und belehrt folgten die Kinder. Mustafa und Aische aber zogen sich in den Harem (den Frauenteil des Hauses) zurück, um nach einer kurzen rituellen Waschung und dem Nachtgebet (Yatsy namazy, arabisch Salat ischa) das Wiedersehen zu feiern und zu genießen.

Der Sturz

Der Reichsgeschichtsschreiber Sami Efendi und der Kammerherr Mehmed Aga erwachten relativ spät durch den Gebetsrufe (Ezan) der Muezzine der Aja Sofia, stellten sich einander vor und eilten dann gerade noch rechtzeitig gemeinsam vom Köschk des Kaisertores zur kaiserlichen Djami (Freitagsmoschee), um die rituelle Waschung und das Morgengebet zu verrichten. Als sie am Rückweg ins Serai vor dem prachtvollen Brunnen des regierenden Sultans Ahmets III. anlangten, sahen sie einen Kaffeeverkäufer, den sie gleich in Anspruch nahmen, um durch ein starkes Getränk ihre restliche Schläfrigkeit endgültig zu besiegen. Als sie dann an den mit Stöcken bewaffneten Kapidschi (Torwächtern und Portieren) vorbei durch das Bab i Humajun schritten, begegneten sie dem Abteilungsleiter des Istambol Mukataasi Kalemi (Büro der Pachtungen Istambuls) Murad Efendi, der dem Kammerherrn Mehmed Aga bestens bekannt war. Jener erzählte ihnen, was die zwei schlafend in der späten Nacht offenbar nicht mitbekommen hatten:

„Stellt Euch vor, das Gesindel plünderte in Galata (nördliche Vorstadt von Stambul jenseits des Goldenen Horns) das Haus des Woiwoden. Dabei schrieen Ausrufer, dass die Ungläubigen nichts zu befürchten hätten, wenn sie in ihren Häusern blieben. Soweit sind wir gekommen!"

Weitergehend kamen ihnen schon Ausrufer der Regierung entgegen, um das Volk zum Sandschak i Scherif zu rufen: „Jeder guter Mulim der zur Heiligen Fahne kommt, erhält stolze 30 Piaster (zu je 120 kleine silberne Asper) auf die Hand und 2 Asper Zulage jeden Tag."

Wie sich herausstellte, zogen aber nur wenige Gläubige in den zweiten Hof des Serais unter die Heilige Fahne und zerstreuten sich auch bald wieder. Der Reichsgeschichtsschreiber und der Kammerherr gegaben sich nun ihrer Dienstpflicht folgend in die Umgebung des Sultans. Der Abteilungsleiter Murad Efendi jedoch verabschiedete sich von ihnen mit den Worten: „Ich bleibe im zweiten Hof und warte. Es könnte ja auch noch ein Staatsrat (Diwan) einberufen werden, und dazu müssen wir Chodschagan (leitende Finanzbeamte) verfügbar sein."

Die beiden anderen, Sami Efendi und Mehmed Aga, gingen zum Bab i Saadet (Tor der Glückseligkeit), wo ihnen von den Wache haltenden weißen Eunuchen unter ihrem Kapu Aga (Herrn des Tores, Obersthofmeister) der Durchgang gestattet wurde, den dritten Seraihof, das Enderum (Innere), zu betreten. Vorbei am Thronsaal (Arz Odassi) und der Bibliothek Ahmed III, wo die aus dem Galata Serail kommenden Pagen weiterstudierten, um zum Hof- und Staatsdienst ausgebildet zu wurden, suchten sie die Würdenträger auf.

So nahm denn das Unglück seinen Lauf. Gleich in der Frühe versammelte am Samstag, den 17. Rebiul-ewwel 1143 (30. September 1730) der Großmufti die Ulema mit Sulali Efendi und Ipirisade, dem Scheich der Aja Sofia, den zwei Hebeln des Aufruhrs, um sich und weinte ihnen von seinem hohen Alter vor: „Ist es nicht ungerecht, meinen weißen Bart in meinem Blute zu waschen?"

Da riefen alle: „Da sei Gott davor!"

Der Scheich ül Islam fuhr fort: „Die Zettel der Aufrührer verlangen einen Imam (Vorsteher der Gläubigen) von löblichen Eigenschaften. Das einzig bekannte Rettungsmittel ist die Absetzung des Sultans."

Darauf verrichteten sie das Morgengebet und begaben sich aus dem dritten Hof des Serais durch den innersten Garten nach hinten in den Köschk von Eriwan. Dorthin kam jetzt auch der Großwesir zu ihnen und sprach:

„Ich bin ein toter Mann, aber es liegt uns alle ob, auf die Rettung des Herrn zu denken." Zum Mufi sagte er: „Der Padischah, Friede sei mit ihm, hat Dich, den Kapudanpascha und den Kjajabeg abgesetzt und verbannt. Ihr werdet den Bostandschi übergeben."

In diesem Durcheinander aus dem Versuch, die Regierung zu retten, und den neiderfüllten Ambitionen der aufrührerischen Janitscharen, die eine neue Verbannungs- und Verdammungsliste einsandten, wurde noch beraten, wer zu den Rebellen zu senden sei. Die Wahl fiel auf zwei Ulema: Seid (Prophetenabkömmling) Mohammed, den Scheich der Jeni Dschami (neuen Moschee der Walide Sultana), und auf den abgesetzten Richter von Selanik (Saloniki), Ammadsade Seid Mohammed. Diesem gab der Sultan noch den geheimen Auftrag mit, im schlimmsten Fall auch den Großwesir, seinen Schwiegersohn, zu opfern.

Die Rebellen bestimmten inzwischen den Kapitän Abdi wurde zu ihrem Kapudanpascha und den alten Nikdeli Ali Aga zum Kjajabeg. Aber noch entbehrten sie der oberen Janitscharenoffiziere, von denen sich keiner zu ihnen geschlagen hatte. So zogen die Aufrührer ihren Mustermeister, den alten Suleiman, mit Gewalt aus seinem Haus, in das er sich verborgen hatte, und beförderten ihn zum Reis Efendi (auch Reis ül Kütab, Staatssekretär und Außenminister). Den Sattler Mohammed machten sie zu ihrem Janitscharenaga, den Tschauschen (Offizier der Militärpolizei) Orli zum zweiten Janitscharengeneral, einen abgesetzten Finanzbeamten zum Generalleutnant, den närrischen Ibrahim zum Richter von Stambul und Sulali Efendi zum Kadiaskeri (Oberstland- und Heeresrichter) von Anatolien.

Als Ammadsade mit der Botschaft des Sultans zu den Rebellen kam, berieten diese eine Stunde lang in der Mittelmoschee, beharrten aber auf ihren Forderungen und begehrten Bestätigung ihrer Ernennungen. Mit diesem Ansinnen schickten sie ihren Staatssekretär Suleiman und den Oberstlandrichter Sulali ins Serai, wo ihnen prompt ihr Begehren gewährt wurde. Darüber hinaus händigte man ihnen von Seiten des Sultans noch eine von allen Ulema unterfertigte Urkunde aus, die den Aufständischen gänzliche Sicherheit verbürgte.

Gegen Abend forderte der Kislar Aga (Herr der Mädchen, oberster schwarzer Eunuch) auf allerhöchsten Befehl dem Großwesir das Reichssiegel ab, welches dem Schwiegersohn des Sultans Silihdar (Schwertträger) Mehmed Pascha verliehen wurde. Mit dieser Nachricht kehrte der neue Reis Efendi Suleiman zu den Revolutionären zurück. Der im zweiten Hof mit den anderen Chodschagan wartende Abteilungsleiter der Pachten der Hauptstadt Murad Efendi sah nun, wie Damad Ibrahim Pascha zum früheren Kjajabeg und Kapudanpasche in das Verließ des Henkers am Mitteltor (Orta Kapu) abgeführt wurde. Der Reichsgeschichtsschreiber Sami Efendi, der Kammerherr Mehmed Aga und der Pachtabteilungsleiter Murad Efendi beschlossen nun, wieder über dem Haupteingang des Serai, dem Bab i Humajun, im dort oben befindlichen Köschk zu übernachten.

In der Nacht beriet man im Serai, ob man die drei Schlachtopfer des Aufruhrs lebendig oder tot ausliefern sollte. Dazu wurde es jedenfalls als unschicklich empfunden, sie lebendig zu übergeben. Sobald der Tag des 18. Rebiul-ewwel 1143 (1. Oktober 1730) graute, wurden der Großmufti und der Oberstlandrichter Sulali Efendi aufs Eiligste zum Sultan berufen und der Befehl zur Hinrichtung der in Gewahrsam Gehaltenen erteilt. Der Mufti und der Oberstlandrichter wagten zu fragen, was denn die Ursache zu so großer Eile vor Tagesanbruch sei. Es wurde geantwortet, dass die Straße vor der Alai Köschk (Aussichtsloge der Sultans gegenüber der Hohen Pforte) voller Rebellen sei.

Der Oberstlandrichter von Rumelien (der europäischen Türkei) schlug vor: „Mein Padischah, sendet doch ein paar Eurer Diener vor den Köschk der Aufzüge, um die Wahrheit zu erforschen!"

Sogleich beeilten sich der Scheich der Aja Sofia und der Kadiaskeri von Anatolien nachzusehen. Als sie zurückkehrten, meldeten sie, dass keine Seele auf der Straße wäre. Inzwischen wurden die drei Gefangenen vom Henker mit der Schnur erwürgt, immerhin ehrenvoll und nicht geköpft. Auf einem mit Ochsen bespannten Wagen wurden die Leichname aus dem Serai den Aufständischen am Etmeidan (Fleischplatz) zugeführt. Diese warfen die Leiche des Kapdanpascha vor den Brunnen von Chorchor am Atmeidan (Pferdeplatz, dem antiken Hippodrom), die des Kjajabeg vor die Wegscheide am Tor des Fleischplatzes und die des Großwesirs auf den Platz vor dem Serai an seiner herrlichen Fontaine.

Abdankung und Thronwechsel

Die Rebellen behaupteten, dass der Leichnam des Großwesirs nicht der seine sei, sondern der eines Ruderknechtes mit Namen Manoli. Der Sultan hätte sie betrogen. Jetzt war der Scheich der Aja Sofia Ipirisade so unverschämt zu wagen, dem Großherren ins Gesicht zu sagen: „Die Rebellen wollen Euch nicht mehr als Padischah."

Genervt und vielleicht auch, um noch Schlimmeres zu verhindern, erklärte Sultan Ahmed den Ulema: „Ich bin bereit, den Thron abzutreten. Aber ein Paar von Euch mögen sich zu den Rebellen verfügen, um von diesen die Sicherheit meines Lebens und das meiner Kinder beschwören zu lassen."

Seine Umgebung schwieg erstaunt und verwirrt. Doch die mit dem Aufruhr einverstandenen Ipirisade und Sulali übernahmen sofort den Auftrag. Drei Stunden nach Sonnenaufgang kamen sie in den Serai mit der Antwort zurück, dass die Rebellen damit zufrieden seien. Der Scheich Ipirisade berichtete: „Die Janitschren haben auf den Koran geschworen, das Leben des Sultans und seiner Kinder unangetastet zu lassen."

Nur der Kämmerer Derwisch Mehemed erschreckte den Sultan mit seiner Versicherung: „Auch für das Leben des Hunkiars darf zu fürchten sein."

So wurde der Thronfolge entsprechend nach einer halben Stunde der älteste lebende Schehsade (Königssohn) des Hauses Osman, Mahmud Sultan, der 34jähige Sohn des gleichfalls schon entthronten Mustafa II. und Neffe des regierenden Humajun, aus der streng bewachten Prinzenabteilung des Palastes, im Volksmund „Kafes" (Käfig) genannt, vor Sultan Ahmed III. gebracht. Dieser küsste ihm die Stirn und jener die Hand seines Onkels. Aufs Sultan Ahmeds Wink küssten daraufhin seine Söhne ihrem Cousin huldigend die Hand. Nach einer Viertelstunde bestieg Sultan Mahmud I. im Saale des Prophetenmantels den Thron und steckt sich den diamantenen Reiger (Federbusch) auf den Turban. So zeigte er sich den Abgeordneten der Rebellen, die gekommen waren, ihn zu sehen.

Zuerst ließ sich der neue Sultan am Nachmittag durch den Kislar Aga Hadschi Beschir Aga seinen Harem i humajun mit den anderen schwarzen Eunuchen vorstellen: dem der Valide Aga (Eunuch der Sultansmutter), Schehsadelar Aga (erster Hüter der Prinzen), Chasinedar Aga (Schatzmeister des Harems), den Aufsehern der großen und kleinen Mädchenkammer (Büjük und Kütschük Odalar). Dann kamen die weiblichen Haremsbewohner an die Reihe: Zunächst hatten die andern Kadinlar (Damen) Ahmeds und die Kjaja Kadin (Oberaufseherin des Harems) in das Eski (alte) Serai zu übersiedeln, sie hatten Platz zu machen für die neue fünfzigjährige Walide Sultana und das von ihr auszuwählende Gefolge. Die Mutter des abgedankten Ahmeds III., die Hasseki Günüsch Sultana aus Kreta war schon vor 15 Jahren verstorben. Die Ustas (Meisterinnen) und ihre Kalfas (Helfer- und Vertreterinnen) mussten bestätigt, ausgetauscht oder berufen zu werden. Dann war unter den Mädchen eine Selektion zu treffen, welche als ältere aus dem Kaiserlichen Harem ausscheiden und heiraten durften, und jenen jungen, die zur Ausbildung oder zur Verfügung des neuen Sultans verbleiben sollten. Zugleich mußte für den zurückgetretenen Sultan in der streng bewachten Prinzenabteilung des Harems eine neue Unterkunft besprochen werden, wozu der frühere Platz des neuen Sultans Mahmud am ehesten in Frage kam.

Um Mitternacht empfing Mahmud als 24. Sultan der Osmanen noch die Huldigung der zusammengeströmten Herren des inneren Hofstaates (Menassibi Chasa): Die Pagen der Chaß Oda, Büjük Oda und Kütschük Oda (innersten, großen und kleinen Kammer), den Kapu Aga (Oberstofmeister) und den Serai Aga (Schloßhauptmann) mit ihren Untergebenen, die Wachen der Reichsreliquien aus den Prophetennachkommen (Scherife und Seid, die Emire) mit dem Nakibo-Scheraf an der Spitze, die Kammerherren (Kapidschilar Baschi), den Chassinedar Baschi (Oberstschatzmeister), den Bostandschi Baschi (Chef der Gartenwache) mit seinen Offizieren, den Miri Achori ewwel (ersten Stallmeister), die Herren des Stiegbügels (Rikiab Agalar), der Audienzen (Ars Agalar) und der Achsel (Kultuk Wesirleri) sowie noch diverse andere wie die Hunkiar (kaiserliche) Imame, Prediger, Ärzte, Professoren und Sekretäre des Serais oder die Kommandanten seiner Leibwachen.

Des Weiteren wurden noch Zettel mit Huldigungseinladung für den kommenden Sonnenaufgang an die Ulema und die Generale der Truppen sowie die Rebellen ausgesandt. Während estere erschienen, kamen letztere nicht. Sie fürchteten nämlich, daß unter dem Serai Minen gelegt worden wären, um sie in die Luft zu sprengen, und forderten jetzt merkwürdigerweise ihre regulären Offizieren. Es wurde ihnen geantwortet, daß diese ihnen am

Haupttor des Serail (Kaisertor) übergeben werden. Mit ihnen erschienen sie endlich und huldigten Sultan Mahmud. Darauf zogen sie in ihre Kasernen am Fleischplatz (Etmeidan) ab, die Ulema, Minister und Gerneral in ihre Häuser.

Endlich fanden der Reichsgeschichtsschreiber Sami Efendi und der Kammerherr Mehmed Aga Gelegenheit, das Vergangene zu besprechen. Zu ihnen wollte auch der Abteilungsleiter für die Pachten Istanbuls stoßen, Murad Efendi entschuldigte sich aber: „Wir Chodschagan müssen uns mit unseren Sekretären (Kütab) auf die Konfiszierung der Reichtümer der Gestürzten vorbereiten,"

Durch den ersten Seraihof zwischen dem Orta Kapu und dem Bab i Humjun schlendernd ergriff zunächst der Kammerherr das Wort:

„Mir wird der bisherige Großherr sehr abgehen. Er war ein großzügiger Herr, mit sanftem majestätischen Blick und angenehmer einnehmender Stimme. Nicht nur ein großer Bauherr schöner und nützlicher Einrichtungen war er, sondern auch ein großer Liebhaber von Gärten, Blumen und Vögeln, von Spiegeln und Lampen. Seine liebsten Unterhaltungen waren Tulpenbeleuchtungen, Zuckergasteien und glänzende Feste. Wir müssen sehen, ob sein erlauchter Neffe in dieser Richtung weitermachen wird, Inschallah (so Gott will)."

Der Reichsgeschichtsschreiber lenke das Gespräch nun auf die offizielle Seite: „Auch unser Hunkiar Ahmed III. kam durch einen Aufruhr auf den Thron, der seinem Vorgänger und Bruder die Herrschaft kostete. So geht es dem Armen nun heute wie Sultan Mustafa II. und wandert zurück in den Kafes, woher er auferstanden ist. Das Schicksal liegt in der Hand Allahs. Dennoch war seine Herrschaft denkwürdig und imgrund erfolgreich: Im Zug des Kieges Rußlands mit Schweden, in den er hineingezogen wurde, erhielt er nach gewonnener Schlacht vom Zaren Zar Peter im Frieden am Pruth Stadt und Festung Asow zurück. Im Osten erwarb er wieder unsere östlichsten Provinzen von den Persern, über die wir heute noch kriegerisch mit diesen streiten. Zwar hat er Temeswar, Belgrad und die kleine Wachlachei an den römisch-deutschen Kaiser verloren, aber im selben Krieg von den Venezinaern Morea (die Peleppones) zurücherobert. Er wird in unseren Geschichtsbüchern ein ehrendes Andenken bewahren. Schließlich beherbergte er noch zwei vertriebene christliche Könige, Karl XII. von Schweden und Stanislaus Leszensky von Polen."

Mehemd Aga kam wieder auf die Binnenseite Ahmeds Regentschaft zurück: „Mit seinen gewinnenden Wesen war er auch im Harem sehr beliebt und ist Vater von einunddreißig Kindern geworben. Er vertraute sehr seinem Schwiegersohn Ibrahim Pascha und überließ diesem gerne seine Alltagsgeschäfte."

Sami Efendi: „Nachdem Ahmed in den ersten 15 Jahren seiner Regierung die Großwesire durch die Ränke des Serais unter dem Silihdar (Schwertträger) Ali und den Kislar Agalar, dem langen Suleiman und seinem Nachfolger Anber Mohamed, 13 mal gewechselt hatte, kam erst unter Damad Ibrahim Pascha die größte Stabilität und Einigkeit unter den höchsten Hof- und Staatsämtern zu Stande. Der Mufti und der neue Kislar Aga Hadschi Beschir Aga standen Ibrahims Plänen nicht entgegen, sei es aus Furcht oder aus Zweckmäßigkeit."

Der Kapidschi Baschi Mehmed Aga pflichtete dem Reichsgeschichtsschreiber bei: „Der Großwesir Damad Ibrahim Pascha war nicht nur selbst mit einer Tochter Sultan Ameds verheiratet, sondern verheiratete auch noch zwei seiner eigenen Töchter aus erster Ehe mit dem Kapudan Pascha und der Kjajabeg, welche zu Wesiren (Paschalar mit drei Roßschweifen) aufstiegen. Seinen eigenen Sohn und zwei seiner Neffen vermählte er mit Töchtern des Sultan selbst, die ebenfalls Wesire geworden sind. Diese familiären Beziehungen machten Ibrahim vor allen Intrigen sicher und bis zur jetzigen Revolution unangreifbar."

Sami Efendi brachte dieser Betrachtungsweise als Reichsgeschichtsschreiber sein ganzes Verständnis entgegen:

„Durch so lange unter einhelliger Regierung war es dem Großwesir möglich, im Inneren so viele und nützliche Einrichtungen und Bauten durchzusetzen. Nicht nur für sich selber, sondern auch für das Reich sammelte er gewaltige Schätze zusammen. Die Einigkeit seiner Regentschaft stach sehr vorteilhaft von der vorangegangenen Unruhe in den Staatsgeschäften heraus. Je mehr sich Sultans Ahmed aus der täglichen Kleinarbeit heraushielt, desto größer wurde der Einfluss seines Stellvertreters als Großwesir. Nicht zuletzt als Reichsgeschichtsschreiber bin ich dem letzten Sultan vor allem dankbar, dass er den zum wahren Glauben übergetretenen Ungarn Ibrahim Müteferrika (Hoffourier) erlaubt hat, in unserem erhabenen Reiche den Buchdruck eingeführt zu haben. Zwar waren die Handschriftkopisten über diesen neuen Wettbewerb nicht erfreut, insgesamt wird aber der Buchdruck der Bildung unserer Schüler und den Interesse unserer Gebildeten nur gut tun, die nun billigeren Studier- und Lesestoff erhalten. Der heilige Koran wird davon nicht betroffen werden, um den weiteren Erwerbsmöglichkeiten der Kopisten keinen ernsthaften Abbruch tun."

Mehmed Aga ergänzte: „Persönlich stiftete Ibrahm Pascha großzügig eine Schule, eine Bibliothek und die Fontaine Ahmeds III. vor dem Serai. In den 12 Jahren seiner Regentschaft wurde Damad Ibrahim Pascha noch von Hadschi Beschir Aga unterstützt. Wie die meisten unserer schwarzen Eunuchen im Serai war dieser ein Äthiopier, wurde in Ägypten kastriert und dann nach Istanbul verkauft. So kam er in den kaiserlichen Harem. Hier wurde er gleich im ersten Jahr dem Schehsade Sultan Achmed zur Betreuung zugeteilt, nach dessen Thronbesteigung er das höchste Vertrauen genoss. Gleich nach dem Tonwechsel begleitete Beschir die kaiserliche Amme auf ihrer Pilgerfahrt nach Mekka und wurde anschließend zum Schatzmeister des Harems (Chasinedar Aga) ernannt. Nach neun Jahren wurde der damalige Kislar Aga, der lange Suleiman, abgesetzt, worauf von dessen Sturz nicht unberührt Beschir nach Zypern, Ägypten und Dschidda verwiesen worden, wo er sogar eine zeitlang die Position des Scheich ol Harem von Mekka versah. Vier Jahren hernach wurde er wieder in den Serai zurückgerufen und sogleich mit der Würde des Aga des Dar üs Seadet (Hauses der Glückseligkeit) betraut. Seit 14 Jahren behauptet er nun die oberste Stelle der schwarzen Eunuchen."

Als sie am Brunnen Ahmed III. angelangt waren, verabschiedeten sich die beiden Anhänger der alten Regierung. Jeder trat dann seinen eigenen Heimweg an.

Die Revolution

Zwar saß nun Sultan Mahmud auf dem Thron, aber es herrschte noch das Ungetüm des Aufruhrs. An deren Spitze standen die gemeinen Janitscharen Patrona Chali und Mussli. Ersterer war neugierig, den neuen Sultan kennen zu lernen und erschien auch vor ihm, in ordinärer Janitscharentracht und mit nackten Beinen. Der Großherr fragte ihn: „Was kann ich für Dich tun?"

Als revolutionärer Demagoge antwortete Patrona in einer Mischung aus Verstellung und Frechheit: „Mein höchster Wunsch ist erreicht, indem ich Dich auf den Thron gesetzt habe. Nun weiß ich wohl, dass mich ein schimpflicher Tod erwartet."

Die Antwort des Humajun war nicht unbedenklich: „Ich schwöre Dir bei meinen Ahnen, dass Dir nicht Leides geschehen solle. Begehre eine Belohnung, sie sei Dir im voraus gewährt."

Patrona bat als wahrer Volksfreund um die Aufhebung der neuen lebenslänglichen Pachtungen (Malikiane), die das Volk bedrückten. Sogleich wurden sie aufgehoben, was dem zuständigen Abteilungsleiter die Betrachtungen Istambuls Murad Efendi in nicht unbeträchtliche Schwierigkeiten bringen sollte.

Die Ministerstellen wurden wunschgemäß geändert und alle Schützlinge und Freunde Ibrahim Paschas entfernt, nur Silihdar Mehemed Pascha als Großwesir bestätigt. Auf den Fleischplatz (Etmeidan) strömte noch immer das niedrigste Gesindel zu den Fahnen des Aufruhrs, um des Janitscharensoldes teilhaftig zu werden. Ihr erster Generalleutnant und ehemaliger Finanzbeamter, wiewohl ein Geschöpf der Revolution, widersetzte sich einer solchen Entehrung der Janitscharenrollen und wurde sogleich von Patrona nieder- und vom Pöbel in 1000 Stücke gehauen.

Am nächsten Freitag, dem 23. Rebiul-ewwel 1143 (6. Oktober 170), wurde drei Tage nach der Thronbesteigung der Sultan in der Ejub Dschami vom Scheich ül Islam (Großmufti) nach alten Brauch mit dem Säbel Osmans umgürtet. Dem Zug voraus ritten die beiden Anführer der Revolution Patrona Chalil und Mussli in kleinen roten Turbanen und nackten Beinen, Gold unter das Volk auswerfend. Statt der bei dieser Gelegenheit geschenkten

12 Beutel ließ der Sultan 50 verteilen. Da Krieg herrschte, wurde befohlen, dass der Großwesir im Kalewi (kegelförmiger hoher Turban mit einem goldenen Steifen) Zeremonialpelz (Ust Kürk) und Herrenpelz (Erkian Kürk) zu erscheinen habe; die Defterdare (Finazminister mir seinen Stellvertretern), der Nischandschi Baschi (Staatssekretär für den Namenszug des Sultans, Tughra) und der Reis Efendi (Staatssekretär und Außenminister) im Hoftubanen (Selimi) und Erkian Kürk; die Herren des kaiserlichen Steigbügels im goldenen Oberkleid (Serrasker); die Mutefferika (Staatsboten) im zylinderförmigen Zeremonialturban (Mudschewese), Zeremonialpelz mit aus Atlas ausgeschlagenen samtenen Umschlägen, in tscherkassischen Halbstiefeln und Diwanreitzeug; die Hoffouriere (Ehrenwachen und Diwanboten); die Truchsesse (Tschaschnegirler) in Serasser und einfachen Ust Kürk, Mudschewese, Schalwar (rotsamtende Hosen)und Diwanreitzeug; und die Herren Begeler, Agalar und Efendis in der üblichen Diwanskleidung. Das Militär hatte die Felduniformen zu tragen.

Der neue Sultan selbst fuhr mit der Staatsbarke das Goldne Horn hinauf, vom Bostandschi Baschi gelenkt. Am Kai von Ejub harrten die Staatsämter, ihren Kaiser (Humajun) zu begrüßen. Diese bestieg sein Pferd, am linken Steigbügel schritt der erste Stallmeister und am rechten der oberste Kammerherr. Die Zügel hielten der Reichspanierträger und der zweite Kammerherr, umgeben von den anderen Herrn des Steigbügels. Der Tschaschnegir Baschi (Oberstruchsess) besaß das Recht, dem Sultan hinauf- und der Janitscharen Aga ihm herabzuhelfen. Am Uferpalast des Hunkiar machte er eine kurze Pause für Gebet und Mahlzeit, wobei ihn der Großwesir unter dem rechten und der Janitscharen Aga unter die linke Achsel fassend vom Pferd herunter halfen. Von hier aus ging der Zug nach dem Grabmal Eyubs (dem Schwertträger des Propheten), wohin ihn die Wesire, der Großmufti, die beiden Kadiaskere und der Aga der Janitscharen eingeladen hatten. Nach einem kurzen Gebet von zwei Rikat (Gebetseinheiten) gürtete ihm der Vorstehen der Emire (Abkömmlinge des Propheten) vom Mufti unterstützt, den Säbel Osmans um.

Nach dieser Staatsaktion bestieg der Sultan für den Rückweg wieder das Pferd und erschien vor dem Volk im Staatsturban Selimi mit brillantemem Reigerbüschen (Sorgutsch). Durch das Spalier von Janitscharen in ihren weißen Mützen gingen vor ihm die Stallmeister und der Oberstkämmerer zu Fuß, umgeben von seinen Leitergarden Sollok und Peiks sowie verdienten

Sipahis (Bidschakdschi), welche Münzen unter das Volk warfen. Verdiente Silihdare (Kürassiere) trugen die Roßschweife, Sipahis die Handpferde. So ging der Zug durch das Edrine Kapu (Adrianopeleer) Tor der doppelten Landmauer Stambuls, vorbei an der Sultan Bajesid Dschami durch die große Diwan Straße (Diwan Yolu) zurück zum Serai. Zur Verabschiedung standen im ersten Hof rechts die Wesire, der Mufti, die Kadiaskere, Deterdare, Nischandschi, der Reis Efendi und die Generale der Herschaften (kaiserlichen Zentraltrppen). Links die Ulemas, Scheiche, Emire, Fouriere, Truchsesse, Tschausche und die Herren des Steigbüheles. Nachdem sich der neue Großherr durch das Mitteltor reitend zurückgezogen hat, kehrte sein Gefolge nachhause zurück.

Tags darauf begehrten die Rebellen keck, alle vor 6 bis 7 Jahren von den Ministern und Großen errichteten Lusthäuser an den Ufern des Goldenen Horns (Halic) verbrennen zu dürfen. Hierauf gab der Sultan Bescheid:

„Zum Verbrennen gebe ich meine kaiserliche Zustimmung nicht, wir würden nur zum Gelächter der christlichen Völker. Ich erlaube bloß, dass man die Gebäude zerstöre. Aber ich habe meinem Großwesir befohlen, die alten Gesetze gegen den Luxus wieder in Erinnerung zu rufen und schafft zu überprüfen."

Soweit war schon durch die Regierung Sultans Ahmed III. die Zivilisierung fortgeschritten, dass man es vermeiden wollte, in den Augen der europäischen Höfe lächerlich zu erscheinen, weshalb der Sultan sogar in dieser gefährlichen Situation nur zur Hälfte nachgegeben hat. Immerhin sind 120 Köschke und Lusthäuser, die zum Teil bereits im Stil Versailles errichtet worden, geschleift worden.

Die Stelle des Kapudan Pascha wurde nun erneut Hafis Ahmed Pascha verliehen, der sie aber bereits nach 20 Tagen an Dschanüm Chodscha abgeben musste, der schon vor mehr als einem Jahrzehnt im Venezianischen Krieg bei der Eroberung Moreas Admiral gewesen war. Zum neuen Scheich ül Islam (Großmufti) ist Mirsasade Scheich Mehemed Efendi ernannt worden, der den Sohn und den Schwiegersohn des vor 27 Jahren bei der seinerzeitigen Thronumwälzung abgesetzten und verbannten Mufti Feisullah Efendi zurückrief. Im Gegenzug wurde ein von Ibrahim Pascha verbannter Janitscharensekretär und der Kämmerer Chissim Mehemed rehabilitiert.

Eine Reihe weiterer Geschöpfe des hingerichteten Großwesirs und seines Kjajas in Verwaltung und Militär wurden abgesetzt und verbannt, so der langjährige und in alle Staatsgeheimnisse eingeweihte Reis ül Kitab (Staatssekretär) Efendi Mehemed. Der Bostandschibaschi Kabakulak Ibrahim Aga musste auf Begehren der Revolutionäre nach Mitylene verwiesen werden, an seine Stelle trat jener Chasseki Aga, der noch vor kurzem die Botschaften Sultan Ahmeds an die Rebellen und diese wieder dem Großherren übermittelt hatte. Der Rebellensprecher und Scheich der Aja Sofia Ipirisade verstummte plötzlich mitten in der Predigt auf der Kanzel, vom Schlage gerührt, was abergläubisch auf die Verwünschungen des entthronten Sultans zurückgeführt wurde.

Von der durch die Rebellenherrschaft bedingten Ämterverteilung wurden auch die drei Vasallenstaaten Wallachei, Moldau und die Tatarei der Krim betroffen. In ersterer war bereits 14 Tage vor Ausbruch der Revolution der Woiwode Nikolaus Maurocordato gestorben. An seine Stelle ist noch von der alten Regierung sein Neffe Constantin Maurocordato ernannt worden. Durch die Unterstützung der Revolutionäre wurde er nach vier Wochen durch Richard Rakovizam, den alten Feind seines Vaters Johann Maurocordat, für den Kaufschilling von 150.000 Piaster ersetzt.

Noch weit schreiender war die Änderung des Woiwoden in der Moldau: Erst vier Tage nachdem Gregor Ghika vom neuen Sultan bestätigt wurde, schwindelte einem griechischen Fleischer namens Janaki sosehr der Kopf von der Rebellengunst, dass er sich zu dem Wunsch nach den Fürstenstuhl der Moldau verstieg. Er hatte nämlich Patrona Chalil während des Aufruhrs Fleisch geborgt und Geld geliehen, weswegen Patrona dem edlen Fleischer das Fürstentum gegen 500 Beutel sogleich zusagte. Dazu versprach der Fleischer nicht länger leben zu wollen, als sein Förderer. Deswegen schickte er seinen Spießgesellen Mussli zum Großwesir, um den Fleischer zu fürsten. Vergebens entgegnete der Großwesir, dass Gregor Ghika erst vor vier Tagen bestätigt worden ist. Die Antwort des Rebellen war bezeichnend:

„Was mag wohl der Unterschied sein zwischen einem Giaur (Ungläubigen) und einem anderen Giaur?"

Abwiegelnd meinte der Großwesir: „Ich darf dies nicht allein entscheiden, sondern habe den Befehl des Sultans abzuwarten."

Unverschämt antwortete Mussli:

„So geht denn zum Sultan, aber sei bedacht, Patronas Willen zu tun."

Sein Wille geschah, und zum ersten Mal wurde ein Fleischer zum Hospodar (Woiwoden) der Moldau.

Ebenso zwangen die Revolutionäre den Großwesir zur Absetzung des Khans der Krim, Mengligirai (der Kampfeslustige aus der Dynastie der Girai), und zur Ernennung Kaplangirais, der nun schon zum dritten Male den Polster der Khanschaft besetzen sollte und eben noch zu Brusa weilte. Vergebens versuchte der Großwesir die Ernennung zurückzuhalten bis Mengligirai, der schon einberufen worden ist, angekommen sein würde. Die Rellen bestanden aber darauf, dass Kaplangirai sogleich als Khan von Brusa in die Hauptstadt geholt werde. Auch hier geschah ihr Wille. Dem Mengligirai ging der Befehl zu, als Nureddin Beg (zweiter Stellvertreter des Khan) in Jamboli zu weilen. Doch hatten sich im Falle Kaplangirais die Aufrührer gewaltig geirrt, denn er ging nur zum Schein zu ihnen über.

Das konfiszierte Vermögen des hingerichteten Großwesirs Damad Ibrahim Pascha wurde wie in solchen Fällen immer üblich der privaten Schatzkammer des Sultans (Chassin i Humajun) einverleibt. Dabei half der nunmehr für seine eigentliche Dienstobliegenheiten bloß wenig in Anspruch genommene Abteilungsleiter für die Pachten Istambuls Murad Efendi getreulich mit. Gefunden wurden die ungeheuren Schätze von drei Kisten mit 60.000 Dukaten, einer Kiste voller Juwelen und die Einrichtung eines Hauses mit kostbaren Teppichen, Schalen, Waffen und Prachtgefäßen im Wert von 3.000 Beutel (jeweils zu 500 Piastern) Gold.

Das bei Antritt eines neuen Herrschers fällige Thronbesteigungsgeschenk wurde damit großteils leicht bestritten: In 150 Wagen zu je 50 Beutel wurde es beladen, auf den Etmeidan (Fleischplatz) geführt und an die 40.000 Janitscharen, 18.000 Kanoniere, 22.000 Waffenschmiede und 20.000 Kavalleristen verteilt. Jeder erhielt von 7.500 Beutel 25 Piaster, die restlichen 1.000 Beutel erhielten die Hofbediensteten. Der neue Hünkiar (Herrscher) bestieg den Turm der Gerechtigkeit (Adalet Kasri) über dem Kubbealti (Überdachung) des Divanhane (Sitzsungssall des Diwan, des Reichsrates), von wo aus die Aufzüge und Zeremonien im ersten und zweiten Hof des Serais beobachtet werden konnten. Hier konnte sich Sultan Mahmud selbst übereugen, dass sich die Truppen im zweiten Hof durchaus zufrieden zeigten. Dank der reichen Bescheerung verloren sogar die Janitscharen ein gesteigertes Interesse an der Fortsetzung der Revolution.

In unruhigen Zeiten

Mustafa Tschelebi stand in diesen unrhigen Zeiten vor einer wichtigen Entscheidung. Sein Sohn hatte nämlich in der Mektib (Elementarschule) solche Fortschritte gemacht, das sein Chodscha (Lehrer) Assad meinte: „Edler Tschelebi, nun wird es erforderlich, an Omers Zukunft zu denken. Soll ich Dir Vorschläge machen? Hast Du schon an das Galata Serai (erste Stufe der Pagenausbildung für Hof und Staat) gedacht? Hier steht ihm eine glänzende Laufbahn offen."

Der Müteweli bedankte sich für den wohlmeinenden Rat und meinte: „Jedenfalls bis vor kurzem wurden keine Söhne von Herrn der Feder oder des Schwertes in das Galata Serai aufgenommen, um keine äußeren Einflussnahmen auf die inneren Hof- und Staatsgeschäfte zu ermöglichen. Jetzt habe ich aber auch gehört, dass dies möglich werden könnte, was nämlich für unsereinen sehr verlockend wäre. Gäbe es zur Zeit nicht ein solches Durcheinander!"

Der Chodscha stimmt ihm teilweise zu: „Ohne mich für oder gegen die Janitscharen auszusprechen, habt Ihr aufgrund Deiner Herkunft natürlich noch andere Möglichkeiten, nämlich dem Richter- und Priesterstand."

Dem konnte Mustafa Tschelebi nur zustimmen: „Da Omer aus einer Gelehrtenfamilie stammt, wäre es naheliegend, ihn in eine angesehene Medresse (theologisches Gymnasium) einzuschreiben. Ich habe als Verwalter eines Wafks natürlich die entsprechenden Verbindungen. Also werde ich mit meinem Sohn ein ernsthaftes Gespräch führen."

Gesagt, getan. Zunächst fragte er Omer nach seinen eigenen Vorstellungen. Dieser erklärte sich: „Die Ausbildung zum Pagen im Galata Serai würde mich selbstverständlich sehr reizen. Der Unterrichtsstoff entspricht meines Wissens nach weitgehend dem einer geistlichen Medresse, dazu kommen aber noch militärische Fächer wie Reiten, Fechten und Schießen. Doch der Weg würde mich weiter in das Enderum des Serais führen, in dem mir die fernere Entwicklung doch recht fraglich erscheint. Daher ersuche ich Dich, werter Vater, mir den Möglichkeiten des Gelehrtenstandes zu erklären."

Hierin kannte sich der Müteweli aus eigener Erfahrung bestens aus: „Der große und angesehene Körper der Ulemas (Theologen und Richter) umfasst die Kadi (Richter), die Mufti (beratenden Gesetzesgelehrten) und die Imame (Diener oder Priester der islamischen Religion). An der Spitze von allen steht der Scheich ül Islam (Großmufti in Istanbul), der reinen Bezeichnung nach eigentlich ein bloßer Schriftgelehrter, aber entscheidend mehr als das. Er ist das Haupt des Gesetzes und bekleidet die oberste geistliche Würde des Reiches, wie der Großwesir die weltliche. Er heißt auch Berater der Menschen (Mufti ol Enam), der auf dem Polster der Fetwa (Rechtsgutachten) Gestützte (Mesmedinschini Fetwa), das Meer der verschiedenartigsten Wissenschaften (Bahri Ulumi schitta), der Gelehrtest der Gelehrten (Aalemol Ulema), der Tugendhafteste der Tugendhaften (Efsalol Fusela), der Ehrensitz der Ehrensitze (Sadress Sudur) oder der Ehrensitz der Sofas (Ssade). Als erster aller Diener der Religion übt er noch priesterliche Funktionen für den Humajun aus. Bei der Thronbesteigung ungürtet er den Humajun mit dem Säbel Osmans und bei den Begräbnissen der Sultane spricht er das Totengebet. Ist er unpäßlich oder sonstwie verhindert, suppliert ihm der älteste Ulema (Scheich ül Ulema) oder einer der beiden Landes- und Heeresrichter (Kadiaskere). In der Totenkapelle des Serai kann ihn nur der Scheich der Aja Sofia vertreten. Obwohl selbst kein Richter urteilt er nur in den ausdrücklich vom Großherren aufgetragenen Fällen."

„Donnerwetter", entfuhr es Omer, „so ausführlich habe ich das in der Mektib noch nicht gehört."

Sein Vater fuhr fort: „Der Scheich ül Islam ist eigentlich der Ausleger und das Organ des Gesetzes, als solcher genießt er das höchste Ansehen. Heute beschäftigt sich jede Woche der Sekretär des Mufti, der die Fetwas redigiert, der Mussewwid, mit hunderten von Anfragen, um daraufhin die Reinschreiber (Mubejis) zu verfassen, welcher sie dem Fetwa Emini (Intendanen der Fetwas) vorlegt, bevor sie ihr Mufti unterschreibt und der Mukabeledvhi (Kontrolleur) verzeichnet. Der Großherr trifft ihn von Zeit zu Zeit, der Großwesir stattet ihm häufiger Besuche ab, um mit ihm die wichtigsten Geschäfte des Reiches zu besprechen. Wie der Großwesir in Angelegenheit der weltlichen Macht der Stellvertreter des Monarchen ist, versinnbildlicht durch den Säbel, so der Grußmufti in geistlichen Dingen, versinnbildlicht durch das Buch, den erhabenen Koran. Fetwas zu erstellen, ist überhaupt eine Riesenaufgabe."

Omer: „Danke, lieber Vater, für die ausführliche Schilderung. Doch werde ich nicht so schnell in die Verlegenheit kommen, als oberster Ausleger des Scheriat (arabisch Scharia, des göttlichen Gesetzes) und des Kanun (der weltlichen Gesetze) infrage zu kommen. Daher bitte ich Dich, mir die weiteren Stufen der Gelehrtenlaufbahn zu erklären."

Mustafa Tschelebi schloß jetzt seine Belehrungen: „Mein Sohn, jetzt wird es spät, wir setzen am kommenden Nachmittag fort."

Über die Richter

Tags darauf erklärte der Verwalter seiner Wakf seinem Sohn: „Die Ämter und Würden der Ulemas sind nicht erblich, sondern werden persönlich verliehen. Die Kadi (Richter) sind unter ihnen am angesehensten, aber nicht von gleichem Rang. An ihrer Spitze stehen die großen Mollas: der oberste Landes- und Heeresricher (Kadiasker) von Rumili (Rumelien), der Sadri (Ehrensitz) Rum. Er hat das Recht die Prozesse, die vor anderen Gerichten der Hauptstadt anhängig sind, an sich zu reißen und in Erbrechtsfällen eine Sperre zu verordnen. Seine Obergerichtsbarkeit erstreckt sich auch auf den Maghreb (Algier, Tunis und Tripolis) sowie auf die Krim. Auf ihn folgt der oberster Landes- und Heeresricher (Kadiasker) von Anatoli (Anatolien), der Sadri (Ehrensitz) Anatoli. Dann kommen die Richter von Mekka und Medina, von Istanbul (Kurzform Stambul) mit der Oberaufsicht über die Kaufleute, Handwerker Manufakturen und Magazine der Hauptstadt. In der Reihenfolge kommen nun die Richter von Edirne (Adrianopel, der zweiten Residenzstadt), von Brusa (der immer noch dritten Residenzstadt), el-Kahira (Kairo, der Siegreichen) und es-Scham (Damaskus), die Richter drei Vororte Stambuls Galata, Üsküdar und Ejub, von Jerusalem (el-Kuds), Ismir (Smyrna), Haleb (Aleppo), Larissa (in Thessalien) und Selanik (Saloniki in Mazedonien). Die Erennung dieser 17 großen Molla hängen vom Großmufti ab, dessen Vortrag (Telchis) mit einer Stellungnahme (Takrir) des Großwesirs dem Sultan zur Bestätigung vorgelegt werden. In dieser Ränge wird man nur für ein Jahr berufen, und kein Molla begleitet sein Amt zweimal, sondern rückt nach der Stufenleiter von einer Stufe in die nächst höhere vor. Die von ihren Stellen austretenden Molla haben einen höheren Rang als die eintretenden. Ist im Augenblick keine Position frei, so warten sie ruhig, bis sie wieder an die Reihe kommen. Ihr Corps zählt in der Hauptstadt mehr als 100 Köpfe. Der älteste und ranghöchste von ihnen ist der Reis ol Ulema. Zu diesen 17 großen Mollas werden noch fünf Beamte des Serais hinzugezählt: der Chodscha (Lehrer) des Sultans, der Hekim Baschi (Oberarzt), der Mudschemi Baschi (Hofastronom) und die zwei Hunkiari Imame (Hofkapläne)."

Omer kommentierte: „In diese Ränge kommt man wohl nicht leicht."

Sein Vater stimmte ihm zu: „Richtig, denn vor allem sind die alten großen Familien der Ulema auch darauf bedacht, ihre eigenen Söhne zu bevorzugen und zu befördern. So kommt es, dass die meisten obersten Würden von ihnen besetzt werden, auf die andere ihr Leben lang oft vergeblich warten. Manche der Bevorzugten erhalten sogar das Recht, die ihnen angewiesenen Richterstellen durch Substitute (Naibs) zu verwalten, bloß bei den Richterstellen von Mekka und Medina wird das nie gestattet. Nur die zwei Kadiaskeri und der Stadtrichter von Istambul erhalten die Anstellung aus den Händen des Großwesirs, die anderen werden vom Obermufti eingekleidet. Jene sind zugleich Mitglieder des Reichsrates (Diwan) und gelten nach den Wesiren als die ersten Stützen (Erkian) des Reiches. Wenn sie dem Sultan die Hand küssen, steht er ihnen auf. Sie machen keine Verbeugung bis zum Boden, sondern grüßen den Großherrn nur, indem sie die Hand auf die Brust legen und den untersten Teil seines Kleides küssen, während alle anderen Hof- und Staatswürden sich tief verbeugen und die Enden der falschen Ärmel küssen, die hinten am großherrlichen Kaftan angebracht sind und welche ihnen der links hinter dem Thron stehende Obersthofmeister (Kapu Aga) reicht. Die Kadiaskere sitzen im Diwan zur Linken des Großwesirs und die Wesire zu seiner Rechten. Die beiden obersten Land- und Heerrichter besitzen noch das Vorrecht, in Kutschen fahren zu dürfen."

Omer: „Und die kleinern Molla?"

Mustafa Tschelebi setzte auseinander: „Die 10 kleinen Mollas sind die Richter der Städte zweiten Ranges, nämlich Meraasch, Bagdad, Bosna Serai (Sarajewo), Sofia, vor dem Verlust an den römisch-deutschen Kaiser Belgrad und jetzt Kaffa, Aintab, Kutahia, Konja, Felibe (Philippopel) und Diabekir. Die Professoren (Muderris) an den Medressen der kaiserlichen Dschamis rücken in diese Positionen ein und erhalten diese wechselweise, so dass sie Menaßibi Dewrija (Kreisämter) heißen. In Istambul leben gewöhnlich 60–70 dieser Mollas, die an keiner den großen Mollas zustehenden Posten auszeichnet teilhaben. Dazu kommen noch 5 Muffetisch, Untersuchungsrichter oder -kommissare der frommen Stiftungen, drei zu Stambul und je einer zu Edirne (Adrianople) und einer zu Brussa. Die in der Hauptstadt selbst ansässigen Untersuchungsbehörden unterstehen entweder dem Großwesir, dem Großmufti oder dem Kislar Aga. In den Städten, in denen sich keine Muffetisch befinden, besorgen gewöhnliche Molla, Kadis oder Naibs (Untersuchungsrichter) in den vorkommenden Fällen Recht."

Über die Richter

„Nun bist Du bei den eigentlichen oder gewöhnlichen Kadis angelangt", stellte die junge Omer klug fest, „kannst Du mir jetzt ihre Eigentümlichkeiten erklären?" Der Wakf-Verwalter kannte sich natürlich auch dabei gut aus: „Die normalen Kadis sind die Richter der anderen Städte des Reiches und werden in drei Klassen geteilt. in 197 die Kadis von Rumili mit 9 Unterklassen, in 223 Kadis von Anatoli mit 10 Unterklassen und in 36 Kadis von Misr (Ägypten) in 6 Unterklassen. Damit kommst Du auf insgesamt 456 gewöhnliche Kadis. Die Anwärter (Mulasim) für einen Richterposten werden zunächst für sechs Monate bestellt, danach erhalten aie die Richterstelle für 18 Monate. Nur 2 ägyptische Kadis erhiellten vom Eroberer dieses Landes, Sultan Selim I. das Vorrecht einer lebenslänglichen Bestellung und behalten es. Wer sich für eine rumelisch, anatolische oder ägyptische Stelle bewirbt, verbleibt jedenfalls in dieser Abteilung. Die zwei ältesten Richter jeder dieser Sparten erhalten den Titel Tahta Baschi und sind die Räte der beiden Kadiaskere, die von Rumili des Ssadri Rum und die von Anatoli und Misr des Ssadri Anatoli. Zu diesen ordentlichen Kadis kommen noch zwei außerordentliche, nämlich der Mahmel Kadi, der Richter der Karawane von es-Scham (Damaskus) nach Mekka, sowie der Ordu Kadi, der Richter für die Flotte im weißen Meere (der Ägäis). Ein weiterer Ordu Kadi (Lagerrichter) wird noch ernannt, wenn der Hunkiar selbst ins Feld zieht und ihn der Heeresrichter (Kadiasker) vom Rum (für Europa) oder der Heeresrichter von Anatoli (für Asien) begleitet, welcher den abwesenden Landes- und Heeresrichter in der Hauptstadt vertritt.

„Wer sind die Naibe?", wollte Omer noch wissen. Mustafa Tschelebi führte aus:

„Diese sind Stellvertreter der Molla und Kadi. Von ihnen gibt es fünf Arten: Kasa Naibi (Bezirks- oder Dorfrichter), Bab Naibi (Substitute der großen und kleinen Molla), Molla Wekili (Stellvertreter der ihr Amt gar nicht persönlich antreten Molla), Kadi Wekili (Stellvertrer der ihr Amt gar nicht persönlich antreten Kadis) und Arpalik Naibi (Pächter und Mieter der Einkommen einiger austretender großen Molla, der 6 Räte des Kadiaskere und einiger der vorzüglichsten Muderris). Alleine in der Hauptstadt zählt man 22 Naibe – So, das genügt, auch ich werde allmählich müde. Wir machen nach dem Freitag, unserem Feiertag, weiter und sprechen darüber, wie man überhaupt Ulema (theologisch gebildeter Richter oder rechtlich gebildeter Theologe) wird."

Die Mufti und Priester

Am Samstag nahm Mustafa Tschelebi das Erziehungsthema für seinen Sohn wieder auf:
„Nach den Kadis folgen im Ansehen die Muftis, die beratenden Gesetzesgelehrten. Der erste ist der Großmufte von Istambul, der zugleich das Oberhaupt des gesammelten Korps der Ulema ist. Im ganzen osamnischen Reich gibt es 210 Muftis, deren einzige Aufgabe darin besteht, auf die ihnen vorgelegten Fragen eine bejahende oder vernenende Antwort zu erteilen. Die Formel ihrer schriftlichen Fetwas ist dieselbe wie die des Scheich ül Islam: Ihnen ist vorgeschrieben, erstens ihr Siegel beizusetzen, zweitens den Ort ihres Aufenthaltes anzugeben, drittens den arabischen Text Wort für Wort anzugeben und viertens das kanonische Werk zu nennen, aus dem sie die Fetwa geschöpf haben. Alle großen Städte haben ihren eigenen Mufti, nur nicht die von Edirne und Brusa, welche direkt unter der Gerichtsbarkeit Istanbuls stehen. In den kleineren Städten vereint der Kadi das Amt des Mufti in seiner Person."

Nach einer Verschnaufpause fuhr er fort: „Jeder Mufti unseres Reiches ist gehalten, seine Entscheidungen nach der Rechtsschule des Imams Ebu Hanife oder Abu Hanifa, wie die Araber sagen, einzurichten, welche im ganzen osmanische Reich die herrschende ist. Da die Einwohner von Mekka, Medina, Kairo, Haleb, Jerusalem und Damaskus meistens den Rechtsschulen der bei anderen orthodoxen Imame folgen, so ernennt die Regierung dort noch aus politischen Gründen je drei weitere Mufti, denen es erlaubt ist, in Fragen des unmittelbaren Kultus nach den Imamen Schafii, Malik und Hanbal, oder wie wir auf Türkisch sagen Hanbel, Fetwas auszustellen. Im Inneren Arabiens macht sich zur Zeit die strenge und asketische hanbalitische Lehrmeinung unter einem Mohammad Ibn Abd al Wahhab breit. Alle Muftis sind im Range gleich und werden von Scheich ül Islam auf lebenslang ernannt. Einige von ihnen erhalten in Rücksicht auf ihr Alters und besondere Verdienste eine Verbesserung ihrer Stellung durch die Versetzung in eine begehrtere Stadt. Ihre allfällige Entfernung vom Amte wird Hadschr (Suspension) genannt, während die übrigen Beamten unter der Bezeichnung Asl (Absetzung) abgelöst werden können."

Wieder musste der Müteweli pausieren, dann aber setzte er fort: „Die Scheiche, Imame und sonstigen Diener der Religion kommen in ihrem Range nach hinter den Kadis und Muftis. Die Scheiche (Greise) sind die eigentlichen Prediger und Moscheevorstände. Sie heißen auch Meschaichi Kursi oder Scheiche der Kanzel, im Unterschied zu den Scheichen der Klöster, den Meschaichi Sawije, die aber im engeren Sinne keine Ulema sind. Bei den Arabern tragen auch noch ihre Stammesoberhäupte den Ehrenname Scheiche. Jede Masdschid (Moschee oder ‚Ort der Niederwerfung') hat ihren eigenen Scheich, welcher zum Mittagsgottesdienst predigt. Außer an Feiertagen wird die Mittagspredigt gerne von frommen Dotationen gespendet. Über strittige Punkte wird darin in der Regel nicht gesprochen, sondern über Moral und die anerkannten Dogmen. Die Scheiche bilden im gesamten Reiche eine einzige Klasse, nur die der gegenwärtig 12 kaiserlichen Masdschid Dschami (Freitagsmoscheen) genießen einen Vorrang, beginnend bei der Aja Sofia bis zur Dschami des letzten Padischahs. Ihre Scheiche heißen Meschaichi Selathin oder Meschaichi Tarikat, Scheiche des Sultan und des Weges. Sie werden vom Scheich ül Islam aus den Scheichen der übrigen Moscheen ernannt, aber immer nach sorgfältiger Prüfung.

Ihnen folgen die Chatibe, die Verrichter des Chutbe, des öffentlichen Gebietes am Freitag für den Großherren. Wie Du in der Mektib gelernt hast, gehören dieses Gebet und die Münzen zu den höchsten Majestätsrechten des Humajun. Mit seinem Namen wird er immer als gesetzlicher Oberherr anerkannt. Die Vorbeter der Chutbe heißt auch Imam ol Dschumaa, Imam des Freitags, weil dieses feierliche Gebet immer nur am Freitag und in den großen Moscheen (Dschami) verrichtet wird. Das Vorrecht dieses Gebetes unterscheidet die Dschami von den kleinen Moscheen (Masdschid). Die Chatibe der jetzt in Stambul vorhandenen 12 kaiserlichen Moscheen haben den Vorrang vor den anderen und treten ihr Amt nur bei der persönlichen Anwesenheit des Großherrn an die Hunkiari Imame (Hofkapläne) ab. Auch in den großen Städten der Provinzen gibt es weitere kaiserliche Freitagsmoscheen.

Auf die Chatibe folgen die Imame, die Dir bekannten Vorsteher der Gebete. Ihre Amtsverrichtung besteht darin, die täglich fünfmaligen Gebete in der Moschee zu leiten, außer am Freitag, wo dies der Chatibe tut, weshalb dieser auch Imam des Freitags (Imamol Dschumaa) genannt wird. In fast jeder Masdschid gibt es mehrere Imame, deren erster als Imamol Haji als eigentlicher Imam der Gemeide die Beschneidungen, Trauungen und Begräbnisse seiner Gemeindemitglieder vornimmt. In den Dörfern helfen und dienen die weiteren Imame als Vorbeter rein ehrenhalber. Neben diesen öffentlichen Imamol Aamm halten sich Große und Reiche noch private Imamol Chaß. Der Sultan ist zugleich der oberste Imam seiner Untertanen und übt als Kalif (Stellvertreter des Propheten) und Imam die oberste weltliche und geistliche Gewalt aus."

Omer wandte ein: „Fünfmal am Tag hören wir die in den vorgeschriebenen Formeln gehaltenen Rufe der Muezzine zum Gebet. Wie sind sie einzuordnen?"

Der Tschelebi ging auch darauf ein: „Wie Du selbst weißt, werden die Gebetsaufforderungen tagsüber zu Mittag und am Nachmittag von den Geräuschen der Stadt oft übertönt, sind aber herrlich in der Morgenröte, wenn sie ‚Ahsen es Salat minen Naum' (das Gebet ist besser als der Schlaf) singen. Am Abend beim Sonnenuntergang und im nächtlichen Schweigen rufen sie die feierlichste Wirkung auf Ohr und Sinn hervor. Zunächst lassen die Muezzine mit wohltönenden Stimmen von den Minaretten (Türmen) der Moscheen ihre Stimmen erklingen. Bei großen Dschami Masdschids mit mehreren Türmen besteigt je ein Muezzin eine von ihnen, sie rufen aber nicht gemeinsam, sondern einer nach dem anderen. Da obendrein nicht alle Uhren gleich gehen, mischt sich der Kanon einer Moschee dann mit den Gesängen der vielen anderen Mesdschids. Nach den Gebetsrufen von den Türmen wiederholen sie sie in der Moschee selbst, worauf sich das Gebet unmittelbar anschließt.

Die niedrigsten Religionsdiener sind die Kaime, die Moscheediener. Der älteste derselben heißt Kaim Baschi (Oberküster). Zu ihnen gehören noch die Lampenanzünder (Kandildschi) und die Auskehrer (Ferrasch). Letztere sind in der Grabmoschee des erlauchten Propheten in Medina besonders angesehen, denn sie erwerben sich durch die Reinigung des Rausai mutaabere oder munewere (der gereinigte oder erleuchtete Garten des Pardieses) ein besonderes Vorrecht und Verdienst um das Paradies. Dazu wird der Vorraum in verschiedene Abteilungen geteilt, um ihn ganz oder wenigstens teilweise zu reinigen und zu kehren, wozu besondere Diplome verliehen werden. Um sie zu erwerben, strengen sich hervorragend fromme Personen sehr an, vor allem die Sultana, welche durch Substitute in Medina für ihre Seelen kehren lassen.

Die Zahl der Religionsdiener wird durch die Größe der Moscheen bestimmt. Auch in den größten Dschamis gibt es bloß einen Scheich und einen Chatib, höchstens 4 Imame, 6 Muezzine und 20 Kaime. Nur die sechstürmige Dschami Sultan Ahmeds hat 36 Gebetausrufe und 30 Kaime. Die kleinen Mesdschids, in denen keine Freitagsgebete abgehalten werden, haben auch keinen Chatib. In den Dörfern und Märkten vertritt der Imam zugleich den Muezzin, Chatib, Scheich und Kaim – wo er das Gebet ausruft, das Gebet für den Sultan verrichtet, predigt, vorbetet und die Mesdschid rein hält. Die Ernennung dieser Diener des Kultus hängt ganz von den Stiftern der Moscheen ab und treffen selbst die gehörigen Bestimmungen in ihren Stiftungsurkunden. Andere überlassen diese Ernennungen den Nazirler (Aufsehern) und Müteweler (Verwaltern), welche die Kontrolle über die Moscheen und frommen Stiftungen (Wakuf) ausüben. Bei uns fällt mir als Müteweli diese Aufgabe zu, womit ich meist am Vormittag beschäftigt bin. Jede dieser Ernennungen bedarf der Zustimmung eines der drei obersten Ulema (Richter und Theologen), die in der Hauptstadt dem Großmufti, in den asiatischen Provinzen dem Ssadri Anatoli und in den europäischen Provinzen dem Ssadri Rum. Darauf wird von der kaiserlichen Staatskanzlei ein Diplom ausgefertigt, die der Chatibeler ausgenommen, welche durch ein Hatt i humajun (kaiserliches Handschreiben) installiert werden. Alle diese Religionsdiener leben einzelnen und nirgends an der Moschee oder in einem Kloster (Tekke)."

Omer dankte und bat: „Das nächste Mal bitte ich Dich, mein Vater, mir noch zu erklären, wie man Ulema wird."

Die Laufbahn

Die für die künftige Erziehung seines Sohnes wohl wichtigste Frage, wurde von Mustafa Tschelebi am darauf folgenden Sonntag in Angriff genommen:

„Nachdem Du in der Mektib gut vorbereitet worden bist, wie Dein Chodscha Assad bestätigt, stünde Dir nun der Besuch einer Medresse zu und offen. Wie Du weißt, habe ich Dich mit Absicht nicht in meine eigene Mektib gehen lassen, sondern in eine andere benachbarte, damit Du nicht bevorzugt wirst. Du hast gut das Schreiben gelernt sowie den Koran und aus den Hadithen (sunnitischen Überlieferungen) gelesen. Fast jede Dschama Masdschid hat eine Medresse (Ort des Studiums) angeschlossen. Die Studenten der untersten Klasse heißen die nach Wissen Verbrannten (Suchta), darauf folgenden die Zurückkehrenden (Muid) und zuletzt die Wissenden (Danischmend). In einer Medresse werden Dir die Usual al Fiqh (Wurzel des Verstehens), die Fiqh (Quellen und methodischen Grundlagen der Normenfindung), die Furu al Fiqh (Zweige des Verstehens und der Rechtsanwendungen), die Ibadat (Normen der gottesdienstlichen Handlungen) und die Mu amalat (Normen der zwischenmenschlichen Beziehungen) gelehrt. Dazu wirst Du die elegante hochosmanische Sprache verbessern sowie das Hocharabische und das Persische lernen. Abschließend wirst Du als Mudschtahid ein Rechtsgelehrter mit der Befähigung zur selbständigen Urteilsfindung (Itschdihad). Die Ungebildeten aber sind unfähig, die Bücher der Rechtswissenschaft zu verstehen und müssen angeleitet werden. Jetzt giltst Du als Tschelebi, von dem der Volksmund sagt, dass er immer Recht hat (kull Mudschtahid uschīb).

Daraufhin hast Du die Möglichkeit, Dich in eine der drei gehobenen Stände weiterzubilden, zu dem der Richter (Kadi), dem der bloßen Gesetzesgelehrten (Mufti) oder dem der Priester (Imame). In den eigenen Medressen (Universitäten) der Dschamilar ül Hunkiar (kaiserlichen Moscheen) wirst Du dazu ausgebildet und beziehst ein Stipendium. Während die beiden letztgenannten Stände keine glänzenden Aussichten gewähren, aber auch weit weniger Studien erfordern als jene, die den Richterstand anstreben und lange Studien sowie schwere Prüfungen zu durchlaufen haben.

Haben sie diese bestanden, begeben sich die Kandidaten für den Richterstand in eines der für das Recht gestiftete Kollegien der Sultan Bajesid Dschami. Sie werden Anwärter (Mulasim) für eine der ledig gewordenen Muderris- oder Professorenstellen, welche nur für angehende Kadis geschaffen sind. Hier können sie wieder wählen, ob sie Naibe, Kadis oder Molla einschließlich deren Muffetisch (Untersuchungsrichter der frommen Stiftungen) werden wollen. Die sich da hinaufschwingen wollen, müssen einen siebenjährigen Kurs absolvieren. Die schon in der gewöhnlichen Medresse gelehrten Fächer werden hier vertieft anhand des hanafitischen Lehrbuches Mülteka ül ebhur (Zusammenfluß des Wissens) des Ibrahim Halebi und anderer sowie durch Nebenfächer wie Mathematik, Astronomie, Philosophie und Geographie ergänzt. Mir selbst war die Geographie am liebsten, weil ich einen weiten Blick haben wollte und immer noch will. Schwerpunkt der hohen Medresenausbildung sind weiter der Überblick über die vier rechtgläubigen Lehrgebäude und der 72 heterodaxen Schulen wie die Sammlungen der zahlreichen Hadithen (vorbildlichen Überlieferungen der Reden und des Handelns Mohammeds), woraus die Sunna (Handlungsweise, Weg, Pfad) besteht. Jeder, der die lange und schwierige Laufbahn eines Muderris einschlagen will, wird nun vom Großmufti selbst persönlich geprüft. Wer diese Prüfung besteht, wird vom Obermufti zum Muderris (Professor und Kollegienvorstand) ernannt und wird als Efendi bezeichnet..

Die Professorenstellen sind in 10 Stufen oder Fächer eingeteilt, die alle durchlaufen werden müssen, wenn man eine Position als Molla erreichen will.

Die Muderris erhalten unterschiedliche, Stipendien genannte Bezüge, beginnend bei der Charidsch und aufsteigend bei der Suleimanije endend. Deshalb werden sie auch nach ihrem täglichen Einkommen bezeichnet, oder aber nach den kanonischen Werken, die sie lesen und vortragen. Die Muderrris durchlaufen diese Stufen nur nach und nach, in der Regel nach ihrem Alter. Es dauert also viele Jahre, ehe sie in die obersten Ehrenstellen einrücken können. Müssen sie warten, können sie auch untergeordnete Positionen einnehmen, was viele tun. Die Muderris des ganzen Reiches werden in drei Klassen eingeteilt, erstens in die Istanbuls, zweitens in die Edirnes und Brusas und drittens in die der übrigen Städte des Reiches. Aus diesen gelangen die der ersten Klasse zu den höchsten Würden des Richterstandes, während sich die der zweiten und dritten Klasse mit den Richterämtern der zweiten und dritten Klasse begnügen müssen. Die ersten betragen etwa 400 an der Zahl und treten vom höchsten Grad der Suleimanije unmittelbar in die sechste Klasse der Machredsch Mollalari (Ort der aufgehenden Sonne der Mollas).

Jetzt siehst Du, wie künstlich, verzwickt und zugleich wohldurchdacht die Stufenleiter des Gebäudes der Ulema angelegt ist. Du wirst verstehen, warum ich als Mulasim nicht mehr weitermachte und die letzten Studien abbrach, als mir Dein Großvater, mein Vater, am Ende seines Lebens die Möglichkeit eröffnete, die Verwaltung seines Wafks zu übernehmen. Mein Sohn, lasst Dir das Gehörte durch den Kopf gehen und überlege reiflich, was Du einmal machen willst. Das eine oder andere könntest Du vielleicht schon gehört haben. Also, morgen Nachmittag müssen wir eine Entscheidung für Deinen zukünftigen Lebensweg treffen."

Die Anwerbung

Beim kommenden Zusammentreffen am Montag schlug Omer seinem Vater Mustafa Tschelebi vor: „Verehrte Vater, ich habe mir alles sehr wohl überlegt. In unserem revolutionären Zeiten ist mir eine Pagenausbildung für die Hof- und Regierungslaufbahn zu unsicher. Ich möchte wie Du die Gelehrtenlaufbahn einschlagen und hoffe, dass Du damit einverstanden bist."

Der Verwalter der Familien-Wakf zeigte sich glücklich: „Mein lieber Sohn, Du hast als halber Hafis (Korankenner) die richtige und von mir erhoffte Wahl getroffen. Da ich morgen in das Serail gehen muss, um dem Kislar Aga als meinem Nazir (Aufseher des Wakfs) die fällige Halbjahresabrechnung unseres Mütewelik vorzulegen. Dabei werde ich mich gleich um eine offene Studentenstelle an einer Medrese für Dich kümmern, Hamdullah (mit Gottes Hilfe)."

Dass alles so glatt verlaufen ist, erleichterte auch das Herz des Sohnes, welcher dankbar seinem Vater die Hand küsste.

Also ging Mustafa Tschelebi zunächst in den ersten Hof des Serai und ersuchte einen Kapidschi (Torhüter), mit ihm zum Mitteltor (Orta Kapu) zu gehen, um dort Einlass zum Chasinedar Aga (Schatzmeister des Harems) zu suchen. Nachdem ihm dies die Torwache den Durchgang gestattete, ging er am Diwanhane (Reichsratssitzungssaal) vorbei nach links vor das Tor des Harems. Hier begehrte er bei der scharzen Wache nochmals, den Chasinedar Aga zu sprechen, um diesem wie immer die Halbjahresabrechnung seines Wafks vorzulegen. So wurde er in den auch für männliche Besucher zugänglichen Vorhof des Harems eingelassen und nahm auf einer der dortigen Steinbänke Platz. Einem neu hinzutreten Eunuchen nannte er sein Anliegen, der sogleich hinter dem inneren Haremstor verschwand und nicht viel später mit dem Schatzmeister wiederkehrte.

Der Chasinedar Aga begrüßte ihn: „So sehen wir uns alle halben Jahre wieder. Du hast also unserem Herrn Hadschi Beschir Aga die Abrechnung Deines Wafks vorbeigebracht, lass' sie sehen."

Mustafa Tschelebi überreicht sie ihm, der sie wohlwollend prüfte. Teilte er doch gleichsam als Bearbeitungsgebühr mit dem Kislar Aga als Nazir

(Aufseher) die Hälfte des diesem zustehenden Überschusses des Wafks nach Abzug aller Kosten. Ohne lang zu feilschen, stimmte er dieser Abrechnung zu und wechselte das Thema:

„Wie wir gehört haben, teilst Du die jüngste politische Entwicklung nicht. Stimmt das?"

Der Müteweli konnte dies ohne weiteres bejahen, zumal ihm zu Ohren gekommen war, dass auch Hadschi Beschir Aga darüber nicht glücklich wäre.

Also fuhr der Chasinedar Aga des Harems fort:

„Wie Du Dir vorstellen kannst, verfügt der neue Padischah, Friede sei mit ihm, zwar über hervorragende theoretische Kenntnisse der Verfassung des Reiches, aber leider noch keine praktische Erfahrung. Der Hunkiar weiß selbst von seiner augenblickliche Unzulänglichkeit und ist auf Beratung angewiesen. So muss er sogar noch das Reiten üben, wenn er sich jedes Mal freitags zu Pferd nach einer Dschami begibt, aber trotz seines Rückenleidens keine schlechte Figur machen will. Er möchte auch nicht von denen seines Gefolges abhängig bleiben, die neben ihm gehend die Zügel seines Reittieres führen.

Unser seit langem Dienst tuender und staatserfahrener Kislar Aga berät Efendim (seine Majestät) auch in den Dingen außerhalb des Harems. Wie Sultan Mahmud will er die unerträglichen Zustände in der Stadt (Istanbul) beenden und in normale Bahnen lenken, aber keine Zuschauer der Revolutionäre bleiben. Hadschi Beschir Aga sucht daher nach verlässlichen Persönlichkeiten, die ihm ein getreutliches Bild von den revolutionären Umtrieben liefern können. So frage ich Dich, ob auch Du mitmachen willst."

Grundsätzlich war Mustafa Tschelebi nicht sehr begeistert, zum Spitzel und Spion zu werden. Einerseits teilte er die von oben kommenden Bestrebungen völlig. Da er andererseits als Verwalter einer vom einflussreichen Kislar Aga als Nazir kontrollierten frommen Stiftung nicht negativ auffallen wollte, beugte er sich kurzerhand diesem Druck: „Gerne bin ich unserem Großherrn zu Diensten. Aber ich habe zwei Fragen: Erstens wie soll ich berichten? Ich kann doch nicht ununterbrochen im Vorhof des Harems erscheinen. Und zweitens suche ich für meinen Sohn, der seine Metib erfolgreich abgeschlossen hat, einen Studienplatz in einer Medrese. Kannst Du mir dabei behilflich sein?"

Die Anwerbung 61

Der Schatzmeister des Harems ging darauf freundlich ein: „Du hast vollkommen recht. Wir werden über einen Kapidschi Baschi (Kammerherren) Verbindung halten, den Du zweimal wöchentlich triffst und berichtest. Ich werde ihn Dir vorstellen. Nun zu Deinem Sohn: Am Mittwoch hält der Kislar Aga seinen Divan. Ich werde ihm rechtzeitig von Deinem Wunsch berichten und bin sicher, dass er diesem entsprechen kann. Schon am Donnerstag lasse ich Dir die Entscheidung wissen."

Mit dem Ergebnis dieser Besprechung waren nun beide Seiten zufrieden. Der Chasinedar Aga rief nach einem anderen Eunuchen und beauftragte ihn, den dem Leser schon bekannten Kammerherrn Mehmed Aga einzubestellen. Schon nach einer Viertelstunde erschien dieser. Der Schatzmeister stellte die beiden Herren einander vor und machte den Kapidschi Baschi mit den zuvor getroffenen Vereinbarungen mit dem Müteweli bekannt.

Der Wakf-Verwalter Mustafa Tschelebi schlug dem Kammerherrn Mehmed Aga vor: „Treffen wir uns jeden Sonntag und Donnerstag an einem unauffälligen Ort außerhalb des Serail. Ich schlage für unsere erste Zusammenkunft den Eingang vor dem Pargali Ibrahim Pascha Serai am Atmeidan (Hippodrom) vor, noch diese Woche eine Stunde nach dem Nachmittagsgebet. Hier können wir unauffällig miteinander plaudern. Dazu wird Dir der Chasinedar Aga, seine Einwilligung vorausgesetzt, noch vorher das Ergebnis meiner Bitte an den Kislar Aga weitergeben können."

Nachdem der Schatzmeister eingewilligt hatte, verabschiedeten sich der Verwalter und der Kammerherr von ihm. Vor dem äußeren Eingang zum Harem trennten sich auch Mehmed Aga und Mustafa Tschelebi. Nachdenklich ging dieser vor das Tor beim Alai Kösch, mietete da ein Pferd und ritt zu den doch ziemlich entfernten Kasernen der Janitscharen, um sich ein erstes Bild von ihrer aktuellen Stimmung zu machen.

Der fortgesetzte Krieg Gegen die Perser

Gleich nach der Thronbesteigung Mahmuds wurde den beiden persischen Gesandten Resakulikhan und Weli, denen sich auch in der Zwischenzeit der Chodschatolislam Arya angeschlossen hatte, eine Urkunde mit einem Friedensangebot zugestellt. Da aber keine Antwort erfolgte, wurden wieder Seraskere (Feldherrn) gegen Persien (Farsistan) ernannt. Es wurden der Beglerbeg (Statthalter) von Bagdad, Ahmed Pascha, der von Karaman, Aarifi Ahmed Pascha, und der von Gendsche in Aserbaidschan, Ibrahim Pascha, zur Verteidigung der Grenzen bestimmt. Die Rebellen in Istanbul wollten Rüstem Pascha zum neuen Großwesir bestimmen, dieser lehnte jedoch sehr bescheiden und rechtlich ab, so dass er zum Serasker auf Eriwans Seite bestellt wurde.

Beim persischen Feldzug von Tebris nach Eriwan wurde der Khan Husein gefangen genommen, nach Stambul geschickt und vor dem Alai Kösk (Kiosk der Aufzüge, zur Beobachtung an der Seraimauer gegenüber der Hohen Pforte des Großwesirs) geköpft. Die beiden persischen Gesandten waren jetzt einige Male mit den Reis Efendi und dem Vorsteher der Kanzlei der Reiterei zusammengetreten, doch ohne Ergebnis, so dass sie an den Serasker von Bagdad gesandt wurden, begleitet vom Chodschatolislam Arya. Als sie in Diabekir eingetroffen waren, erhielten sie die Nachricht: „Die Perser haben den Aras Nehri (Araxes in Armenien) überschritten!" Gleichzeitig wurde Weli Kulikhan als persischer Botschafter zur Anzeige der Thronbesteigung Tamasp II. in die osmanische Hauptstadt entsandt, aber an die rumelische Grenze abgeführt. Jene zu Ahmed Pascha von Bagdad weitergeleiteten früheren persischen Gesandten wurden in Mardin gefangen gesetzt. Aus ihrem Gefolge gelang es Chodschatolislam Arya in Verkleidung über die türkische Front nach Persien zu fliehen.

Noch schlimmeres Loos wurde dem persischen Gesandten zuteil, der zu Surchai, dem osmanischen Khan von Schirwan, unterwegs war. Er wurde mit seinem gesamten Gefolge umgebracht, und ihre Köpfe an die Hohe Pforte eingesandt. Der Krieg gegen Farsistan (Persien) mußte mit den Provinztruppen Asiens (Anatoli) geführt werden, solange die kaiserlichen Herdschaften durch die Janitscherenrebellion in Istanbul und Rumelien gebunden waren. Surchai, der erblichen Khan Schirwans, zog selbst mit 30.000 Mann ins Feld und erhielt zur Unterstützung von der Pforte (Regierung) 30.000 Dukaten übermittelt. Der Krieg begann also wieder volle Fahrt aufzunehmen.

Sowie der Chodschatolislam Arya im Irak Adschemi (persischen Zentralprovinz) und in der Haupt- und Residenzstadt Isfahan ankam, wurde er zu Schah Tamsap II. gerufen, um ihm und dem Hof über die Zustande der Regierung Sultan Mahmuds zu befragen. Geehrt ging Arya auf den großartigen Maidan (Platz) vor dem hohen Palast mit seinen bei den sunnistisch Türken unmöglichen Gemälden und berichtete:

„Großmächtiger König der Könige (Schahinschah), edler Führer und Beschützer der Partei Alis! Zunächst wurden in Stambul die Geschöpfe Damad Ibrahim Paschas abberufen und durch die Anhänger der Revolution ersetzt. Dies werdet Ihr wohl schon erfahren haben. Wie ich herausgefunden habe, bemüht sich der neue Hunkiar zwar, die größten Exzesse zu bremsen, aber ohne großen Erfolg. Der Rebellenführer heißt Chalil, genannt Patrona, weil er auf dem zweiten Admiralschiff gleichen Namens einmal Dienst getan hat. Sein Sprachrohr und Helfer ist Mussli Beschit. Beide bereichern sich unmäßig durch Bestechung und Erpressung, womit sie schon jetzt Damad Ibrahim Pascha zu übertreffen scheinen.

Ali Aga aus Nikde schien den eifersüchtigen und neidigen Unruhestifter als Innenminister (Kjajabeg) nicht ganz nach Gefallen zu leben. Sie klagten ihn daher der Bestechlichkeit an und setzten an seiner Stelle den Oberstallmeister Mustafa Beg (Herr oder Fürst). Die Beischläferin Patrona Chalils erhielt einen eigenen Palast. Bei ihrer Niederkunft musste sogar die Walide Sultana (Sultansmutter) ihr Scherbet (süßen Saft) reichen, so weit ist das Ansehen des Hauses Osman schon gesunken.

Die Erbitterung unter den überlebenden Anhängern Sultan Ahmeds III. wächst meiner Erfahrung nach ständig. Ob sie den Umtrieben des Gesindels noch einmal Herr werden können, wird sich zeigen, Inschallah (so Gott will). Solange die Unruhe in Stambul anhält, kann es uns nur recht sein. Bei den Türken heißt es, wer die Hauptstadt regiert, beherrscht das Reich. Momentan sind alle Kräfte der Pforte im Inneren gebunden, es wäre also zu empfehlen, nun die verhassten Sunnis mit ganzer Kraft anzugreifen und vor allem den Irak Arabi mit den heiligen Pilgerstädten unserer Märtyrer Kerbela und Nedschef zu erobern. Ihre Grenzgebiete können die

Osmanli jetzt nur mit ihren lokalen Einheiten verteidigen. Erst wenn die Pforte wieder alles im Griff bekommen sollte, könnten sie ihre Janitscharen, Spahis und Silihdare (leichte und schwere Reiter), Topschi (Artilleristen) und Dschebedschi (technische Truppen) gegen uns einsetzen. Wenn nicht jetzt, wann sonst?"

Der safawidische Hof war begeister. Schah Tamsap II. belohnte diesen Bericht mit den Worten: „So soll es sein. Dich aber, Chodschatolislam Arya, ernenne ich zum Wali (Statthalter) von Fars (der namengebenden Provinz Persiens) und zum Mirza (Fürsten). Auch wenn Du nach Schiras abgehst, halte Dich zu Unserer Verfügung, falls wir Dich für eine weitere Aufgabe benötigen."

Nach dem üblichen Dankes- und Huldigungskniefall begab sich Mirza Arya beglückt zu den Verkaufsläfen des Basars unter die Laubengängen des weiten Meidan, um sich für seine Abreise auszustaffieren.

Im Dienst

Am vereinbarten Donnerstag vor dem Feiertag traf sich der Müteweli Mustafa Tschelebi vor dem Eingang zum Ibrahim Pascha Pargali Serai mit dem Kapidschi Baschi Mehmed Aga. Dieser konnte seinem Gesprächspartner gleich mit einer freundlichen Botschaft empfangen:

„Ich komme soeben vom Chasinedar Aga des Harems, der Dir ausrichten lässt, dass für Deinen Sohn an der Medrese der Jeni Dschami ein Studienplatz gefunden werden konnte. Aber nun zu Dir: Was hast Du herausgefunden?"

Der Wakf-Verwalter bedankte sich in geziemender Weise für die erfreuliche Vermittlung und konnte seinerseits sogleich vermelden:

„Ich bin gestern zu den Kasernen der Janitscharen geritten und habe festgestellt, dass rein äußerlich keine Aufruhr stattgefunden hat. Man war offenbar zufrieden, unverhofft ein so stattliches Geschenk zur Thronbesteigung des neuen Humajun erhalten zu haben. Ich bin sogar am Regiment Patrona Chalils und dann am fünften Janitscharenregiments vorbeigeritten, ohne dass bei ihren Kesseln ein ungeziemlicher Auflauf zu beobachten gewesen wäre. Der Pöbel beliebt aber weiter rote Turbane zu tragen.

Heute bin ich noch vor unserem Zusammentreffen in mein Stammkaffee am Platz vor der Eski Imaret Dschami gegangen, welches ja nicht allzu weit von den Janitscharenkasernen liegt. Normalerweise tun sie dies nicht, denn so nahe liegt es auch wieder nicht bei ihren Standquartieren. Hier konnte ich einige Unterhaltungen von Janitscharen belauschen, die sich hier ebenfalls getroffen haben. Es wurden von ihnen unterschiedliche Meinungen ausgetauscht."

Der Agentenführer Mustafa Aga war ganz Ohr: „Jetzt wird es besonders interessant. Was war der Inhalt dieser Unterhaltungen?"

Sein Informant Mustafa Tschelebi schlug nun vor: „Wir sollten der Ort wechseln, damit uns kein Ungebetener belauschen kann. In Zeiten wie dieser kann man nicht vorsichtig genug sein. Gehen wir doch am Hippodrom (Atmeidan) spanzieren."

Dies taten sie und bewegten sich zunächst in Richtung Aja Sofia. Dann fuhr der Müteweli mit seinem Bericht fort:

„Einer sagte, er sei sehr froh, dass die alte korrupter Regierung verschwunden ist und beseitigt wurde.

Ein anderer erwiderte: ‚Kamerad, Du glaubst doch nicht, dass Patrona Halil und sein Anhang nichts kassieren? Schau Dich doch um!'

Ein Dritter meinte: ‚Eigentlich hatte ich nichts für oder gegen Damad Ibrahim Pascha. Er war zwar prunkliebend und hat glänzende Feste gefeiert, doch an denen haben wir als Wachen und Zaungäste nicht ungern teilgenommen.'

Ein Vierter mischte sich ein: ‚Mit Vergnügen hat jeder von uns zunächst völlig unerwartet 25 Piaster als Thronbesteigungsgeschenk empfangen. Mit einem Thronwechsel hat ja vorher keiner gerechnet, er war auch im Grunde überflüssig und unberechtigt.'

Der Erste widersprach: ‚Wer ernennt wohl den Großwesir? Es ist zwar für einen Hunkiar vielleicht praktisch, sich um nichts außer seiner Vergnügungen kümmern zu müssen, doch eine Gesamtverantwortung hat er wohl.'

Der Zweite beharrte: ‚Ich halte es für uns Janitscharen unwürdig, die Paläste der Würdenträger zu plündern und den Trödelmarkt zu verwüsten. Sind wir denn Räuber und keine Glaubenskämpfer mehr?' Ein Dritter gab zu bedenken: ‚Wir müssen aufpassen, uns bei den Franken (Europäern) nicht lächerlich zu machen. In Beyoglu (Pera) schütteln die fremden Gesandten und Kaufleute die Köpfe über unser Verhalten.' Der vierte Janitschar wandte ein: ‚Was kümmern uns die Ansichten der Ungläubigen! Wenn Sie wollen, können sie uns ja den Krieg erklären. Wir fürchten uns nicht vor ihnen.'

Ihm antwortete der erste Janitschar: ‚An Deiner Tapferkeit wird niemand ungestraft zweifeln. Allein erinnere Dich, dass wir in den letzten beiden Kriegen gegen die Kaiserlichen trotz heftiger Gegenwehr ganz Ungarn ud sogar Belgrad verloren haben. Für Hochmut haben wir keinen Grund.'

Der zweite Janitschar gab zu bedenken: ‚Vergessen wir nicht, dass wir jetzt in einem heftigen Krieg mit unseren schiitischen Glaubensfeinden verstrickt sind. Sie haben uns die vom vergangenen, angeblich so gleichgültigen und nur prachtliebenden Sultan erworbenen und eroberten östlichen Provinzen schon wieder abgenommen. Nun wird es unsererseits zu einem Gegenangriff kommen müssen, an dem auch wir Janitscharen teilzunehmen haben.'

Vom Nachbarsofa kamen gleichfalls Bemerkungen herübergeflogen: ‚Der zurückgetretene Großherr hat uns osmanische Soldaten nicht persönlich gegen die Perser ins Feld geführt. Diese Arbeit haben seine Paschalar getan.'

Dem stimmte ein weiterer zu: ‚Statt gleich zurückzuschlagen, hat er zu lange gezögert. Nun erst im Herbst beginnen zu wollen, um uns im Winter in die asiatischen Winterquartiere zu führen, hat uns enttäuscht und ihm den Thron gekostet.'
In dieser Art gingen die Gespräche hin und her."

Nun waren Mehmed und Mustafa an der Aja Sofia angelangt, wechselten die Seite des Atmeidan (Hippodrom) und gingen in Richtung der Sultan Ahmed Moschee mit ihren ausnahmsweise sechs Minaretten. Dabei besprachen sie die Stimmung der Janitscharen für die Möglichkeiten oder Widerstände einer Gegenrevolution. Als sie die Rufe (Ezan) der Muezzine zum Abendgebet (Assam Namazy, hocharabisch Salath Maghrib) vernahmen, gingen sie in den Vorhof dieser prächtigen blauen Moschee mit ihren Fayancen aus Iznit. Dort vollzogen sie zur Vorbereitung auf das Namaz (Gebet) die kleine rituelle Waschung mit klarem hellen Wasser und zogen dann am Eingang in die Dschami die bereitstehenden Überschuhe an, um zum, auf Hocharabisch so bezeichneten Abendgebet „Salath Maghrib" (türkisch Assam namazy) zu gehen.

Genau in die Gebetrichtung zu der die Kaaba (Kibla, türkisch Kible) anzeigende Mihrab (Gebetsnische) ausgerichtet reihten sie sich in die Linien der Gläubigen ein, vollzogen hinter dem Imam (Vorbeter) mit gebührendem Ernst die vorgeschriebenen fünf Rikats (10 sich wiederholende Gebetsabschnitte). Die Predikt war dem Vers 67 in der Sure 9 des Koran gewidmet:

„Die Heuchler und die Heuchlerinnen sind alle einander gleich. Sie gebieten das Unrechte und verbieten das Rechte und verschließen ihre Hände. Kopf haben sie vergessen. Siehe, die Heuchler sind Fervler."

Mit dem arabischen Glaubesbekenntnis „Aschhadu an la-ilaha-ill-Allah wa aschhadu anna Muhammadan rasululla" (Ich bezeuge: Es gibt keinen Gott außer Allah und ich bezeuge, dass Mohammed der Gesandte Allahs ist) sowie der anschliessend nach links und rechts vollzogenen Begrüßung der Schutzengel beendeten sie nun ihr Namaz (Gebet). Bei Verlassen der vielleicht am schönsten geschmückten Dschami Stambuls gaben die Beiden am Eingang noch ihre Überschuhe wieder ab.

Am Atmeidan wandten sie sich neuerlich ihren weltlichen Geschäften zu. Auf dem Rückweg zur Aja Sofia schlug der Müteweli vor:

„Zwischen den Kasernen der Janitscharen und dem Ort Deines Dienstes im Serai liegt in unserer großen Stadt ein weiter Weg. Was hältst Du davon, dass wir uns etwa in der Mitte treffen, nämlich am Eingang zur Sultan Bajesid Dschami vor dem Eski Serai? Auch mir persönlich käme dies sehr entgegen."

Der Kapidschi Baschi war damit durchaus einverstanden, aber legte fest: „Wir bleiben bei der Uhrzeit, also eine Stunde nach dem Ezan (Gebetsruf) zum Nachmittagsgebet Sallat Assir (hocharabisch, türkisch Eulie Namazy)."

Dem stimmte der Wakf-Verwalter gerne zu, worauf er noch fragte: „In welche Moschee wird sich morgen am Freitag Efendim begeben? Vielleicht sehe ich mir den großherrlichen Aufzug an."

Der Kammerherr antwortete: „In die Suleimanije. Der Hunkiar will sich diesmal sehr zeremoniell dem Volke zeigen. Hadschi Beschir Aga riet, daß dadurch die Aufrührer eingeschüchtert und die Wohlanständigen begeistert werden. Sie sollen eine Vorstellung von der Majestät Ihres neuen Padischah gewinnen. Ich werde dienstlich diesen Zug begleiten. Wenn Du auch dahin kommen willst, begrüßen wir uns vorsichtshalber nicht, um kein Aufsehen zu erregen."

Zufrieden verabschiedete sich der Informant mit dem höflichen „Assalāmu alaikum", worauf sein Agentenführer mit einem freundlichen „Waʿalaikumu s-salām" antwortete. Der Müteweli zweigte nun in Richtung Diwan Yolu (der Hauptstraße Stambuls) ab, während der Kammerherr nach rechts um die Aja Sofia herum zum Bab i Humajun des Serai weiterging.

Zu Hause angekommen verkündete Mustafa Tschelebi seiner Familie die frohe Nachricht, dass Omer mit sofortiger Wirkung in die Medrese der Jeni Dschami aufgenommen worden ist. Er sagte seinem Sohn:

„Ich gehe morgen zum zeremoniellen Zug unseres Großherrn in die Freitagsmoschee Suleimanije. Du könntest mitkommen. Am Samstag Vormittag bringe ich Dich in die Medrese der Jeni Dschami und stelle Dich ihrem Scheich Seid Mohammed vor. Vergiss aber nicht, Dir mehr Wäsche und Kleidung mitzunehmen, denn Du wirst von da an mit Deinen Mitschülern in der Medrese nicht nur lernen, sondern auch essen und schlafen. Morgen haben wir nach dem kaiserlichen Mittagsgebet noch genügend Zeit, um zu packen und Dich von der Familie zu verabschieden. Eine große Zeit wird nun für Dich beginnen."

Der Besuch der Suleimanije

Nach dem Frühstück war es Omer eine Freunde, seinen Vater zur Suleimanije begleiten zu dürfen. Am Weg dorthin besprachen sie noch das Eine und Andere für den Besuch des Gymnasiums (Medrese). Unterwes sahen sie wieder häufig rote Kopfbünde (Sarik) tragende einfache Leute. Mustafa Tschelebi trug dem feierlichen Anlass entsprechend über einen Tarbusch (einen an der Spitze breiter werdenden roten Fes) mit schwarzer Quaste einen feinen weißen Kopfbund (Selimi), den ein Sarikdschi (Turbanwickler) eigens gewunden hatte. Sein Sohn Omer hatte eine schöne Papacha (kaukasische Mütze) aus kurzem Lammfell in Kegelform auf dem Kopf. Da es schon kühl geworden war, hatte er im Gegensatz zu seinem Vater noch einen Kaftan mit Kapuzenumhang (Baschlik) auf den Schultern, während dieser eine Ferradsche (weitern Übermantel) mit gelben und weißen Blumen broschiert angezogen hatte.

Mustafa zu Omer: „Schon an der Kopfbedeckung kannst Du beim beginnenden Auflauf die turbantragenden Muslime von den Christen und Juden unterscheiden, denen das Tragen von weißen, hellen oder glatten Turbanen verboten war. Schwarze oder dunkelbraune Binden, Mützen und Hauben mit ausgeschlagenen schwarzen Schaffellen sind ihr Kennzeichen. Allein Ärzten und Dolmetschern wird gestattet, einen mit schwarzem Zobelfell ausgeschlagenen Kalpak zu tragen. Die Beinkleider, Pantoffeln oder Stiefeln (Tschismen) bestehen bei den Muslimen in der Regel aus gelbem weichen Schafsleder, während sie nach der Kleiderordnung bei den Griechen, Armeniern und Juden schwarz, violett oder blau zu sein haben."

Rechtzeitig kamen sie vor den Haupteingang der Sultan Suleiman Dschami mit ihren vier Minaretten an. Bald schon hörten sie die Musik der Kapelle, worauf sich der feierliche Zug mit dem Großherrn samt seinem Gefolge in einem Spalier aus Janitscharen anschloss. Mustapha Tschelebi erklärte nun:

„Bei solch feierlichen Aufzügen tragen die Wesire den goldgestreiften Turban Kalewi, den Pelz Mowahadi mit roten Spangen und die Pluderhose Schalwar aus rotem Samt. Daran kannst Du sie gleich erkennen. Ihre Pferde sind mit Diwanreitzeug (Diwan Rachti) geschmückt, den sogenannten

Kutas (Haarknoten) und Abadji (Schabraken aus schwarzem Ziegenfell). Der Mufti erscheint im kugelförmgen Urf, weißem Erkian Kürk, den Beinkleidern Sof aus feiner Wolle und am Pferd mit der verbrämte Schabrake Sadschakli Abadji. Ich glaube nicht, dass die Nischandschi und Deterdare schon Wesire sind, also werden sie Selimi und Erkian Kürk mit Waffen und Reitzeug wie die Wesire tragen – wir werden sehen. Die Kadiaskere reiten auf verbrämten Schabraken mit rotsamtenen Schalwaren und Säbeln, der von Rumili mit weiterem Oberkleid und einen langen Kragen in der Form eines Pelzes mit weiten Ärmeln. Der Aga der Janitscharen, der Dschebedschi Baschi (General der Waffeschmiede) und die anderen Herrn des sultanischen Steigbügels tragen Selimi, einen kurzen Pelz Nimten ganz von Goldstoff (Serasser), samtene Hosen und Waffen samt Reitzeug wie die Wesire.

Von den anderen Herrn des großherrlichen Diwans trägt nur der Reis Efendi den Hofturban Selimi, alle anderen den Staatsturban Mudschewese. Die Müteferrika zeichnet sich durch einfache Zeremonialpelze und hohe Mudschewese (Zeremonialturbane) aus, die Truchsesse durch vergoldete Zeremonialpelze, Mudschewese, samtene Hosen und ihre Perde durch Schabraken. Die Kammerherrn (Kapidschi Baschi) erkennt man an halben Pelzen aus Goldstoff (Serasser Nimteni) und Selimi (Hoftrubanen). Wenn ein Prinz mitreitet, was ich heute nicht vorhersagen kann, so zieht er unmittelbar vor dem Humajun, nach den die kaiserlichen Roßschweife umgebenden Emiren in der Mitte der Garden Solak und Peik einher. Sollten Beglerbege (Statthalter) und Sandschak Bege (Unterstatthalter) mitkommen, so werden sie stets von ihrem eigenen Gefolge begleitet, an der linken bevorzugten Ehrenseite die von Anatoli, rechts die von Rumeli. Wenn der Sultan selbst kommt, so reiten zwei Kammerherren mit je einem Kissen voraus, auf dem ein Turban für Rumili, der andere für Anatoli liegt. Mit ihnen grüßen sie nach links und rechts nickend anstelle eines Grußes des Grußherrn. Diesen erkennst Du, daß er zwar wie der Großwesir prachtvoll und in Gold gekleidet ist, nur mit einem Selimi und darauf einem gewaltig hochragenden Diamantreiger. Umgeben wird er von den Solak mit ihren Federbüschen auf ihren Helmen, die ihn wie Wolken umschweben. Zur Seite und voran gehen die Peiks mit Hellebarden und hohen glitzernden Goldhelmen. Ihm folgen zuletzt einige Sipahi oder Silihdare. Sobald Du des Hunhiars gewahr wirst, kreuze Deine Arme vor der Brust und verbeuge Dich tief, hörst Du! Wie alle anderen mache ich natürlich dasselbe."

Der Besuch der Suleimanije

Nach dem Einzug Mahmuds in die Suleimanije strömte auch das Volk zur kleinen Waschung in den Vorhof der Moschee und anschließend in das Gebäude selbst. Darunter befanden sich auch Mustafa Tschelebi und sein Sohn Omer. Sie waren beeindruckt von der Erhabenheit der wenig verziertierten, hohen und in der Mittagssonne hellen Masdschid, getreu dem Lichtvers des Verses 35 in der 24. Sure des Korans:

„Gott ist das Licht der Himmel und der Erde. Sein Licht ist einer Nische vergleichbar, in der eine Lampe ist. Die Lampe ist in einem Glase. Das Glas gleicht einem funkelnden Stern. Es wird angezündet von einem gesegneten Baum, einem Ölbaum, weder vom Osten noch vom Westen, dessen Öl fast schon leuchtet, auch wenn es kein Feuer berührt hat. Licht über Licht! Gott leitet zu Seinem Licht, wen Er will. Und Gott führt die Menschen durch Gleichnisse an. Und Gott weiß über alle Dinge Bescheid."

Große grüne Schilder mit den goldenen Buchstaben der Namen und Eigenschaften Allahs waren an den Gewölben und Wänden zu sehen. Bloß die Bögen und Einrahmungen waren in Rot-Weiß gehalten. Die Hauptkupel war 53 Meter hoch und mehr als 27 Meter breit. Schon allein durch ihre Architektur wirkte die Dschamim von Sultan Suleiman Kanuni (dem Gesetzgeber, auch der Prächtige genannt) erhebend.

Mitten unter den Gläubigen stehend, erkannten Mustafa und Omer unter den zahlreichen Menschen vor allem nur die hohen weißen Mützen verlässlicher Janitscharen, die in einer Doppelreihe um die Würdenträger platziert standen. Wenigstens sahen sie, wie der Großherr vom Scheich der Moschee, dem Istanbul Effendi (Stadtrichter der Hauptstadt) und dem Nakibo-Scheraf (Vorsteher der Emire) auf die Sultansempore hinauf geleitet wurde. Dort angelangt erhob der Imam des Freitags die Stimme und predigte von den Verdiensten der Einfachheit. Nach acht Rikats (sich wiederholende Gebietsabschnitte) neigte sich der Gottesdienst dem Ende zu. Daraufhin strömte das Volk wieder heimwärts, ebenso Mustafa Tschelebi und sein Sohn Omer, welche nach dem prächtigen Aufzug jetzt den Rückzug des Sultans und seines Gefolges über den Diwan Jolu nicht mehr miterleben wollten.

Am Weg nach Hause besprachen Vater und Sohn noch das Erlebte. Daheim angelangt berichteten sie auch Aische, Farudscha und der jüngsten, 4 Jahre alten Tochter Amal (Hoffnung) vom großherrlichen Aufzug und der Predigt. Danach machte sich Omer daran, mit Hilfe seiner Mutter für die Medrese seines Sachen herzurichten und einzupacken.

Ein wichtiger Tag

Am Samstag begann Omers zukunftsweisender Tag. Nach dem Morgengebet mit vier Rikats und Frühstück verabschiedete er sich ein wenig aufgeregt von seiner Mutter Aische und seinen beiden Schwestern. Farudscha drückte ihm ein Küsschen auf die Wange, nur die junge Amal verdrückte eine kleine Träne. Seine Mutter meinte auch nicht allzu glücklich, aber tapfer zu Mustafa:
„Jetzt werde ich mit Dir und den Töchtern alleine zu Hause wohnen müssen."

Nun wurde der schon endlos lange im Hause lebende Hausknecht Erzerumli Ali gerufen, um Omers Gepäck mit zur Medrese zu tragen. Mustafa Tschelebi bestellte daraufhin drei Reittiere, für sich ein Pferd und für seinen Sohn und Ali zwei Esel. So machten sich die drei auf dem Weg zu der verhältnismäßig weit entfernten Jeni Dschami, an der sich die Medrese (islamisches Gymnasium) befand.

Am Hafen nicht fern vom Serai lag die prächtige Neue Moschee von Turhan Sultana mit 66 Kuppeln und 2 Halbkuppeln. Jedes ankommende Schiff grüßten sofort die zwei hohen Minarette mit ihren jeweils drei Balkonen für die Muezzine. An der Westseite befand sich ein monumentaler Vorhof mit einer Umlaufkollonade, die von 24 kleinen Kuppeln überdacht wurden. Die Fassade der Moschee wurde von Kacheln aus Isnit geschmückt, die durch chinesisches Porzellan inspiriert worden waren. In der Mitte des Hofes stand der rein ornamentale Reinigungsbrunnen (Schadirwan) mit einem weiteren Kuppeldach. Wie andere Freitagsmoscheen gehörte noch ein aus Spital, Medrese und Nebengebäuden bestehender Komplex (Külliye) dazu, dem größten ganz Stambuls, Omers zukünftigem Studien- und Wohnort.

Im Moscheehof ersuchte Mustafa Tschelebi einen der Kaime, zum Scheich zu gehen und Ammadsade Seid Mohammed ihre Ankunft zu melden. Dann zahlte er den Verleiher der Reittiere den vereinbarten Lohn. Nach einer Viertelstunde kam der Moscheediener zurück und führte Vater und Sohn zu den Gemächern des Moscheevorstehers. Sie begegneten einem würdigen Greis mit weißem Bart und offenem Blick. Am grünen Turban erkannte der

Wakf-Verwalter sogleich den Abkömmling des Propheten, der seine beiden Besucher begrüßte:

„Ich freue mich, Dich Mustafa Tschelebi samt Deinem Sohn kennen zu lernen. Ihr habt großes Glück, noch so spät im Herbst einen Studienplatz zu bekommen. Doch wie mir aus den Serail berichtet wurde, bist Du ein treuer Anhänger des Hauses Osman, so dass ich Euch gerne den Gefallen tue. Wir Diener der Religion müssen zusammenhalten und hängen nun einmal am Überlieferten."

Mustafa Tschelebi wollte sich nicht auf eine politische Diskussion einlassen, verbeugte sich nur tief und antwortete: „Ehrwürdiger Emir! Nicht umsonst verlieh mir mein Vater den Namen des damaligen Sultans und Vater unseres jetzigen Efedims. Ich habe an der Fathie (Moschee Mehemeds des Eroberers) unsere erhabene Religion und ihr Recht studiert, musste aber die Verwaltung unserer Wakf übernehmen. Denn mein jüngerer Bruder wurde Hekim (Arzt) am Spittal der Selimije Dschami geworden und mein älterer fiel als Sappeur bei der Belagerung von Korinth im Zuge der Wiederholung der Morea (des Peloponnes). Da mein Vater schon den Kislar Aga als Nazir (Aufseher oder Kontrolleur) der Stiftung (Wakf) erkoren hatte, war es glücklicherweise nicht schwer, die Mütewelik (Verwalterstelle) durch Hadschi Beschir Aga, der damals schon länger dem Haus der Glückseligkeit vorstand, die Verwaltung unserer Stiftung wieder verliehen zu bekommen."

Ammadsade Seid Mohammed war zufrieden und kam auch kurz auf seine eigene Laufbahn zu sprechen: „Wir beide scheinen, Dank Allahs Hilfe, ein ähnliches Schicksal zu teilen. Du bist jetzt Dein eigener Herr in Deinem Wakf, wie auch ich ein solcher in meiner Moschee wurde, nachdem ich in der Selimije Dschami auf eine entsprechende Imamstellung in einer großen Masdschid studiert habe. Denn auch mein Vater wie mein Großvater waren Imame" Wieder verneigte sich Omers Vater. Daraufhin sprach der ehrwürdige Scheich Omer an:

„Ich werde Dich nunmehr in die Medrese führen und Dir Deine Kammer (Oda) zeigen, die Du mit einem anderen Zögling teilen wirst. Auch werde ich Dich Deinen Lehrern vorstellen. Einen Monat lang wirst Du wie alle Neuen aus Stambul nach unserem gemeinsamen Freitagsgebet nach Hause gehen dürfen, um Dein Heimweh zu lindern und die Beziehung mit Deiner Familie aufrechtzuerhalten. Nach einem Monat ist Dir dies monatlich

einmal gestattet. Du sollst nämlich mit Deinen Mitschülern und Lehrern vertraulich zusammenwachsen. Nun verabschiede Dich von Deinem Vater!"
Dieser schloss seinen Sohn in die Arme und sprach: „Mein lieber Sohn, ich wünsche Dir viel Erfolg und Glück. Inschallah (so Gott will), mache Dir und uns keine Schande!"
Sohin nahm der Emir seinen neuen Schützling Omer an der Hand und führte ihn hinaus.

Froh, voller Hoffnung und zugleich etwas nachdeklich verließ jetzt Mustafa Tschelebi das Gelände der Neuen Moschee und wandte sich ums Eck in den dahinterliegenden langen Misr Tscharschisi (ägyptischem Basar oder auch Gewürzemarkt). Er wollte nämlich die Gelegenheit nutzen, noch für seine nächsten Bericht an den Kammerherrn die Stimmung der kleinen Kaufleute und Ladenbesitzer für Gewürze, Gemüse, Früchte und Blumen feststellen. Ein Schwall an Düften und Farben schlug ihm entgegen. Aber auch Heil- und Badekräuter, Fisch und Fleisch wurden feilgeboten und verbreiteten ihre Gerüche. Von besonderem Interesse waren für den Informanten die Gespräche der Händler. Das erste, was er hörte, waren die Klagen eines Verkäufers:
„Unsere Einkaufspreise sind hoch, doch die Marktaufsicht zwingt uns zu niedrigen Preisen."
Ein anderer stimmte ein: „Kaum können wir uns die Ladenmieten noch leisten, die wir der Jeni Dschami zu zahlen haben, zu deren Wakf wir ja gehören."
Dazu ein anderer: „Ihr habt ja Recht, doch vergesst nicht, das wir damit die wohltätigen Leistungen dieser fromme Stiftung finanzieren."
Ein Käufer kritisierte wieder die Händler: „Immer neigt ihr dazu, euch zu beklagen. Wenn wir einkaufen, begrüßen wir den Istanbul Aga und seine Schergen, weil sie uns vor Übertuerung schützen."
Positiv meinten einige Käufer wie Verkäufer: „Allah sei Dank, die Schließung der Märkte ist nun vorüber und alles Notwendige kann nun angeboten und gekauft werden."
Ein Händler war zufrieden: „Jawohl, wieder laufen Schiffe mit neuen Waren ein, und das kommt uns allen zugute. Allaha Schükür (Gott sei Dank)!"
Ein Ladenbesitzer bestätigte: „Als ich heute nach dem Morgengebet in den Basar kam, habe ich gesehen, wie gerade ein Schiff aus dem Ak Deniz (weißen Meer, der Ägäis) eingelaufen ist. Es ist bestimmt aus Ägypten gekommen."

Ein weiterer Kaufmann ergänzte: „Ich habe beobachtet, wie nicht nur Lebensmittel ausgeladen wurden, sondern auch Mitreisende ausgestiegen sind."

Ein Käufer wiederum bestätigte: „So ist es. Es wurde von einigen am Hafen Gehenden erzählt, dass das Schiff am Weg in Mitylene Station gemacht und dort diese Mitreisenden mitgenommen hat."

Ein Passant hatte eine interessante Beobachtung gemacht: „Unter dem Aussteigenden befand sich auch jemand mit auffällig großen Ohren. Da er seinen Yusufi (einfachen Turban) schlampig gebunden hat, war dies recht gut zu erkennen."

Ein weiterer mischte sich ein: „Ich habe gehört, jemand habe in diesem Mann den ehemaligen Bostandschi Baschi Ibrahim Kabakulak (Grobohr) erkannt. Dies ist umso bemerkenswerter, als dieser ehemalige Kommandant der Gartenwache des früheren Herrschers in der Revolution auf diese ägäische Insel verbannt worden ist."

Nun war Mustafa Tschelebi hellhörig geworden: „Hat jemand gesehen, wohin dieser Mann gegangen ist? Einer seiner Söhne besucht nämlich die Mektib (Elementarschule) meines Wafks, und dieser grobohrige Vater ist mir noch Geld schuldig."

Obwohl letzteres nicht stimmte und nur zur Tarnung gesagt wurde, gab ihm ein anderer Beobachter dieser Landung bereitwillig Auskunft:

„Efendi, wie ich gesehen habe, ist der Großohrige hinauf in Richtung des gewölbten Tscharschisi (Basars) gegangen." Um nicht aufzufallen, gab sich der Informant des Serais zufrieden und fragte nicht weiter, wie viele Menschen mit dem Rückkehrer mit gegangen sind und wohin sie sich gewendet haben. Die entscheidende Mitteilung hatte er jedenfalls erhalten und verabschiedete sich mit einem freundlichen „Tschok teschekkür ederim, Allaha ismarladik (Danke sehr, auf Widersehen)!"

Jetzt war es auch aus anderen Gründen Zeit geworden, nach Hause zurückzukehren. Denn Mustafa hatte noch als Stiftungsverwalter zu tun. Also kehrte er dem Hafen den Rücken und stieg die steile Straße nach rechts in Richtung Suleimanije Dschami hinauf. Das Dach seiner Masdschid musste nämlich noch rechtzeitig vor dem stark regnerischen Winterwetter ausgebessert werden, wofür er die nötigen Anstalten in die Wege zu leiten hatte.

Der Bericht

Nach einem arbeitsame Vormittag beschloss Mustafa Tschelebi, mit seiner Frau und den beiden Töchtern zu Mittag zu essen und gleich darauf in den gewölbten großen Basar zu gehen. Vielleicht konnte er hier noch weitere Neuigkeiten erfahren. Sein Weg sollte nicht umsonst gewesen sein, denn die Stimmung in den großen Läden und bei den Großkaufleuten war ausgesprochen gut.

In der Gasse der Goldschmiede empfing ihn ein Juwelier:

„Allah sei Dank, nun wird wieder alles besser. Durch die Plünderungen der Aufrührer kommt einerseits neue Ware herein. Auch Notverkäufe der überlebenden Würdenträger Ahmeds III. bereichern unser Angebot. Andererseits erscheinen jetzt die Gewinner der Revolution und wollen sich und ihren Hareme prächtig ausstaffieren. Die Wiedereröffnung des Büjük (großen) Tscharschisi ist ein Segen."

Ähnlich äußerte sich einer der großen Handwerker und Händler in der Waffengasse:

„Jeder kleine Janitschar will sich mit prachtvollen Dolchen ausrüsten. Selbst für viele Mitläufer können Säbel nicht genug Edelsteinbesatz auf den Scheiden aufweisen."

In der Gasse der Tuchhändler erblühte gleichfalls das Geschäft:

„Zwar wurde durch kaiserliche Verordnung das öffentliche Tragen von luxuriösen Kleidern verboten. Doch in den eigenen Häusern gieren die Damen der Neureichen nach edelsten Stoffen und zeigen ihren Männern allzugerne ihre Reize."

Die Gassen der Teppichhändler und Lederwarenhersteller ließen sich Ähnliches vernehmen:

„Die Rebellion hat so vieles zerstört, dass gar vieles wieder nachbeschafft werden muss."

Bei den Geldhändlern und Wechslern ging überhaupt das Gerücht um:

„Es sind diverse reiche Krimtataren angekommen, die sich mit unserer Währung versehen wollen. Angeblich soll sogar ihr früherer Khan Mengligirai gesehen worden sein. Er muss also aus Jamboli verkleidet eingereist sein."

Mustafa Tschelebi hakte hier sofort ein: „Wenn das wahr ist, wo wird er sich jetzt wohl verborgen halten?"
Mit dieser Frage wandte er sich an seinen stets wohl informierten Gewährsmann Jakub. Dieser gab sibyllisch zur Antwort:
„Bekanntlich sind die Tataren durch den Sklavenhandel mit Kriegsgefangenen und Lösegelder seit jeher steinreich und haben sich in Stambul wie in den Vororten wohl eingekauft. Manche Karawanserai gehört ihnen, wobei ihr Khan bestimmt auch keine Ausnahme gemacht haben wird. Möglicherweise wohnt er nun in einer solchen."

Am selben Sonntag wurde der Kapidschi Baschi Mehmed Aga in den Harem bestellt. In dessen Vorhof hat ihn der Chassinedar Aga empfangen, um ihm mitzuteilen:

„Unserem Herr, dem Kislar Aga, wurde das Gerücht hinterbracht, dass ein kaiserliche General, der vorher schon dem französischen König gedient hatte, zu uns übergelaufen sei und in Bosnien unseren geheiligten Islam (Hingabe in den Willen Gottes) angenommen hätte. Er soll sich jetzt in Istanbul aufhalten und Ahmed nennen. Sollte dies zutreffen, wird er sich wahrscheinlich im fränkischen Viertel Pera (Beyoglu) aufhalten und vielleicht mit den dortigen Ungläubigen Kontakt aufgenommen haben. Finde heraus, ob das stimmt und was wahr daran ist!"

Daraufhin machte sich der Kammerherr auf dem Weg zur Sultan Bajesid Dschami, der Taubenmoschee, zu seinem Treffen mit Mustafa Tschelebi. Diese Dschami wurde weitgehend im Geschmack der Moschee Mehmed II. des Eroberers von seinem Sohn Bajesid II. erbaut. Eine große Kuppel mit 17 Meter Durchmesser und zwei Halbkuppeln auf der Vorder- und Rückseite deckte die Moschee selbst, eine weitere Kuppel an der Eingangsseite zum Vorhof und eine weitere über dem Eingang zu den Türben (Grabkapellen) des Erbauers und seiner Familie. Die beiden etwas abseits stehenden Minarette mit jeweils einem Rundgang für die Muezzine sind durch ein Zwischengebäude verbunden worden, welches zur Aufnahme von Reisenden gedacht war. Die Gebäude der Küllije (Zubauten) rundeten das Ensemble ab. Da diese Freitagsmoschee unmittelbar beim Besestan (dem gedeckten Basar) lag, gehörte sie zu den am meisten besuchten ganz Stambuls. Sowohl am Vorhof mit dem Wasserbecken als auch im Inneren des Gotteshauses wogte ständig das Gedränge der Muslime. Sie war also ein guter Platz, um in der Menge der Gläubigen unerkannt unterzutauchen.

Am Platz vor dem Eski Serai traf Mustafa Tschelebi mit dem Kammerherrn Mehmed Aga zusammen. Am weiten Platz vor dem alten Serai für die ausgemusterten Haremsdamen auf und ab gehend konnten sie sich ihren Geschäften widmen. Der Informant berichtete seinen Agentenführer: „Im Besestan zeigt sich allgemeine Zufriedenheit und die Hoffnung auf eine erneuerte Zukunft. Nicht so rosig ist die Stimmung im ägyptischen Markt, hier schwanken die Meinungen."

Mehmed Aga meinte dazu: „Was sich da unten am Hafen ereignet, wundert mich nicht. Das Jammern gehört zum Geschäft der Handwerker und kleinen Kaufleute."

Der Müteweli schlug vor: „Dann werde ich noch zur Festung Jedi Kule (Burg der sieben Türme) gehen, in der eine große Janitscharengarnison liegt. Mal sehen, wie dort die Stimmungslage ist. Der Imam war unter meinem Vater Chodscha in der Mektib unsers Wafks, bevor er zu den Bektaschi ging."

Mehmed Aga war mit Vergnügen einverstanden. Jetzt kam aber Mustafa Tschelebi auf den Kern seiner Beobachtungen zu sprechen:

„Doch höre: Im Misr Tscharschisi geht das Gerücht um, dass der ehemalige Bostandschi Baschi Kabakulak Ibrahim Aga heimlich aus seinem Verbannungsort Mitylene zurückgekehrt wäre. Eine ähnliche Geschichte läuft im großen Basar um: Der ehemalige Tatarenkhan Mengligirai soll ebenfalls seiner Verbannungsort Jamboli verlassen haben und in Istanbul untergetaucht sein."

Der Kapidschi Aga meinte höchst aufmerksam: „Alle diese Mitteilungen müssen dem Serai unbedingt zur Kenntnis gebracht werden, Kannst Du herausbekommen, wo sich die beiden versteckt haben?"

Der Müteweili gab zu bedenken: „Das ist alles andere als leicht für mich als Privatperson. Die Regierung hat doch über den Istambul Aga und seine Helfer wesentlich bessere Möglichkeiten, nach ihnen verdeckt zu fahnden."

Der Kammerherr aber bestand darauf: „Versuche es wenigstens. Manchmal haben auch private Erkundigungen größeren Erfolg als öffentliche. Wir werden wahrscheinlich erst dann offiziell werden müssen, wenn die informellen Erkundigungen nichts fruchten. – Aber ich habe für Dich noch einen weiteren Auftrag: Ein kaiserlicher General französischer Herkunft mit jetzigem Namen Ahmad dürfte zu uns ins Osmanische Reich übergetreten sein. Wenn das wahr sein sollte, hält er sich jetzt wahrscheinlich im Umkreis der Franken (Europäer) auf. Gehe also nach Beyoglu und sieh Dich dort nach ihm um!"

Mustafa Tschelebi: „Diesen Wunsch entspreche ich gerne. Hoffentlich kann ich Dir am kommenden Donnerstag darüber positiv Bericht erstatten."

Mehmed Aga war damit einverstanden; „So sei es. Zur selben Zeit am selben Ort. As-salāmu alaikum."

Mustafa erwiderte freundlich mit: „Waʿalaikumu s-salām."

Frauenprobleme

Zu selben Zeit kam Farudscha scheu und zugleich aufgewühlt zu ihrer Mutter Aische: „Liebe Mutter, ich muß Dir etwas gestehen. In meinem Schritt bin ich plötzlich blutig geworden. Ich habe aber bestimmt nichts angestellt, mir ist es passiert. Was soll ich tun, kannst Du mir helfen?"
Es war also soweit, die Tochter bekam ihre erste Regel. Nun versuchte Aische, sie über dieses Geschick der Frauen aufzuklären. Sie besorgt ihr eine Binde, half ihr beim Reinigen, beruhigte sie und redete ihr gut zu. Nach einigen grundlegenden, ihren Körper betreffenden Erklärungen ging sie auf einige gesellschaftlichen und religiösen Anforderungen über:
„Mache Dir keine übertriebenen Sorgen, auch Deine Mutter hat ein paar Tage lang monatliche Blutungen. Die Unreinigkeit entziehen den Muslimen ihre rituelle Reinheit und machen ihr Gebet unwirksam. Sie mögen den Körper, die Kleidung oder den Betort betreffen. Dazu gehören auch die Sekretionen des Mannes, der Frau und sogar des Säuglings, also alles was vom menschlichen Körper ausgeht. Deswegen muss jede verunreinigte Stelle gewaschen und gereinigt werden. Alle sichtbare Verunreinigung muss so lange gereinigt werden, bis die Ursache der Verunreinigung beseitigt ist. Die notwendige Reinlichkeit des Körpers, der Bekleidung und des Betplatzes erfordert eine Waschung auch nach der Vernichtung der Notdurft."
Farudscha sah das ein und erinnerte sich: „So wäscht sich der Muslim das ganze Gesicht von der Stirn bis zur Gurgel und hinter die Ohren, benetzt seinen Kopf, wäscht seine Finger und die Arme bis zum Ellenbogen und die Füße bis an die Knöchel."
Aische stimmte zu und bekräftigte: „So ist es, und der Prophet findet es löblich, dreimal hintereinander diese Abweichungen zu wiederholen, auch einmal den Mund auszuspühlen und die Zähne zu putzen sowie die Nasenlöchern durch dreimaliges Aufziehen des Wassers aus der hohlen Hand zu reinigen. In der Reihenfolge kommen zuerst die Hände, dann das Gesicht, die Arme, Kopf und Füße, zuletzt ist mit der nassen Hand über die beiden Ohren und das Genick hinwegzufahren."
Farudscha beruhigte sich allmählich und fragte: „Soweit ich weiß, beginnt das Abwaschen zuerst immer von rechts. Dies soll man nicht nur

in religiösen Angelegenheiten, sondern auch bei den alltäglichen Geschäften halten."

Ihre Mutter Aische fuhr fort: „Exakt, deshalb betritt man auch die Moschee zuerst mit dem rechten Fuß. Muslime müssen sich selbst waschen und dürfen sich nur einer fremden Hand bedienen, wenn sie unpässlich sind. Alle diese Regeln sind mit bewusstem Vorsatz auszuführen. Den sittlichen Vorsatz beginnt man mit dem Anrufen des Ewigen: ‚Im Namen Gottes, des Gnädigen und Barmherzigen. Gelobt sei Allah, der uns mit dem Islam begnadet hat.' Wie Du weißt, ist Gott unter allen Umständen des Lebens anzurufen, nicht nur beim Gebet, sondern auch beim Essen, Trinken, beim Besteigen eines Reittieres und sich Niederlegen. Reines und helles Wasser ist für Reinigungen nötig, auch aus Quellen, Regen, Schnee, Eis, Brunnen und selbst Meerwasser kann dazu dienen, denn alles Wasser auf Erden kommt vom Himmel. Kein zusammengesetztes Getränk darf für eine Reinigung der Lebenden und Toten gebraucht werden. Erst in Ermangelung von Wasser kann es Staub oder Sand ersetzen."

Nun wagte es die Tochter zu fragen: „Was habe ich jetzt in meinem Zustand besonders zu beachten?"

Ihre Mutter antwortete: „Jede Frau wird für unrein gehalten, solange ihre monatliche Blutung dauert, aber auch 40 Tage lang in der Zeit ihres Kindbettes. Während der rituellen Unreinheit sind ihr die fünf täglichen Gemeinschaftsgebete (Namaz), das kanonische Fasten während des Ramadan, der Besuch der Moschee, des Lesen wie sogar Berühren des heiligen Koran und die Umgänge um die Kaaba zu Mekka verboten. Schließlich kommt noch dazu in der Ehe die Beiwohnung des Mannes, wenn Du einmal verheiratet sein wirst. Damit die Zeit der Reinheit nicht in Unordnung gerät, muss die Frau aufmerksam die Wirkungen der Natur an und in sich beobachten. Denke daran, dass die Reinigungen ein wesentlicher Bestandteil des Gottesdienstes sind."

Jetzt hatte sich Farudscha völlig beruhigt und wurde schon wieder neugierig:

„Welche Stellungen haben die Damen im großherrlichen Harem?"

Aische war froh, mit ihren heiklen Ausführungen zu Ende gekommen zu sein, und antwortete erleichtert: „Das Haus der Glückseligkeit (Dar i Seadet, der Harem) ist eine hermetisch abgeriegelte Einrichtung. Man weiß über ihre inneren Verhältnisse nur relativ wenig. Du wirst schon gehört haben, dass darin die ihrer Männlichkeit beraubten Schwarzen, meist Abessinier, mit den Kislar Aga (Herrn der Mädchen) an der Spitze ihren Dienst tun. Die Frauen werden von ihnen bewacht und bedient. Als Mädchen kommen sie vom Mädchen- oder Sklavenmarkt nach genauer Besichtigung ihrer Schönheit und Gesundheit in den Harem. Die meisten von ihnen stammen aus dem Kaukasus, oft sind sie Tscherkessinnen oder Georgierinnen. Da Tscherkassien aber kein reiches Land ist, verkaufen sich die jungen Männer gerne selbst als Mameluken in den Dienst großer Kriegsherrn und die Mädchen zur Verbesserung ihres Loses als Sklavinnen in die Harems großer reicher Herren. Am Sklaven- oder besser Mädchenmarkt müssen sie sich aber nicht von Jedem kaufen lassen, sondern haben das Recht, sich ihren Herrn auch mit auswählen zu dürfen.

Kommen die jungen Kislar (Mädchen) in den Harem des Sultans (Herrschers), werden sie dort sorgfältig erzogen und in allen weiblichen Fertigkeiten ausgebildet. Für ihre Ausbildung steht ihnen eine eigene Haremsschule bereit. Nach abgeschlossener Ausbildung werden sie den rangmäßig höheren Damen zur Aufwartung und Unterhaltung zugeteilt. An der Spitze der Haremsdamen steht die Mutter des regierenden Sultans, die Walide Sultana, auch Sultan Walide genannt, mit ihrem siebenköpfigen Personal aus Ustas, geleitet von der Usta Kadin (Obersthofmeisterin). Dann folgen die Prinzessinnen (Sultanalar), bis diese ihrerseits selbst heiraten."

Farudscha meinte: „Darüber habe ich auch schon gehört. Wie aber werden die jungen Mädchen zu Kadinler (Ehefrauen) des Sultans?" Ihre Mutter führte gemäß ihrem Wissen wunschgemäß weiter aus: „Die besonders schönen und gut ausgebildeten Mädchen werden oft von der Sultansmutter für ihren Sohn ausgewählt. Soweit ich weiß, erhalten sie eine eigene Kammer (Oda) und werden deshalb Odalik oder Odalisk genannt. Die Sultansmutter, die Schwestern und Cousinen des Sultans wie alle Großen des Reiches wetteifern darum, die schönsten Sklavinnen aufzutreiben und hoffen damit, durch diese das Wohlwollen Seiner Majestät (Efendim) zu begründen, zu erhalten, zu befestigen und zu erhöhen. Vor ihrer Auslieferung in das Haus der Glückseligkeit werden die Kislar von ihren Käufern aufgefordert, nie zu vergessen, wer ihnen diese glänzende Zukunftsaussichten vermittelt hat. Findet der Sultan an ihnen Gefallen, können sie das Bett ihres Herrn teilen und hoffen, von ihm Kinder zu empfangen. Danach steigt ihr Rang, Reichtum und Einfluss am kaiserlichen Hof. Vor 100 Jahren beherrschten sie geradezu Sultan und Reich. Während ein muslimischer Mann bekanntlich bis zu vier Frauen haben darf, ist es heute üblich geworden, dass der Großherr bis zu sieben Kadinler hat, in der Reihenfolge der Geburten von Söhnen."

Die Tochter interessierte sich beonders für die Prinzessinnen: „Wann und wen heiraten die kaiserlichen Prinzessinnen?"

Mutter Aische konnte Beschied geben: „Die Sultanalar werden schon in jungen Jahren verheiratet. Als ihre Gatten werden Männer von hohem Rang und besonderer Gunst beim Humajun (Kaiser) ausgesucht. Diese müssen sich von ihren bisherigen Frauen trennen, wofür sie aber durch die Gunst beim Herrscher und die familiäre Nähe zu ihm reichlich entschädigt werden."

Farudscha fragte nun nach den Prinzen (Schehsadeler), woauf Aische erklärte: „Die osmanische Thronfolgeregel erlaubt nur, dass Söhne von Sultanen den Thron besteigen können und keine Enkel. Daher dürfen nur Sultane Kinder haben, Prinzen ist zu heiraten und keine Kinder zu haben verboten. Sie müssen warten, bis sie nach Altersreihenfolge zur Herrschaft gelangen. Auch die Söhne des herrschenden Sultans genießen kein Vorrecht vor den Söhnen früherer Hunkiare, sofern diese äter sind. Wenn die Prinzen mannbar werden und in die Prinzenabteilung (Kafes, Käfig) übersiedeln, erhalten sie unfruchtbare Mädchen aus dem Harem. Wird dennoch eine von ihnen schwanger, wird ihre Leibesfrucht abgetrieben. Ist die Schwangerschaft schon weit fortgeschritten, werden sie samt ihrem ungeborenen Kind in einen mit großen Steinen gefüllten Sack gesteckt und in den Bosporus geworfen."

Ihre Tochter war erschüttert und ließ nur ein „Hui, die Armen werden ja ertänkt" hören.

Aische stimmte zu: „Ja, so streng sind hier die Sitten. Ein Thronfolge- und Bürgerkrieg wie in früheren Zeiten muß unbedingt verhindert werden."

Nun wollte Farudscha vom Austausch im Harem hören, wenn ein neuer Sultan inthronisiert wird:

„Was ereignet sich, wenn ein Sultan stirbt oder zurücktritt und ein neuer wie jetzt den Thron besteigt?"

Darüber gab Aische lieber Beschied: „Zunächst übersiedeln die bisherige Sultanmutter und die Frauen (Kadinler) des Abgetretenen in den Eski Serai (alten Palast) am Hügel in der Stadtmitte. Die Mutter des neuen Humajun wird von dort feierlich in den Jeni Serai (neuen Palast) am Top Kapu (Kanonentor) eingeholt. Solange sie lebt bzw. ihr Sohn regiert, herrscht sie nun als erste Frau im Harem am Kap zu Ende des goldenen Horns an der Spitze Europas. Die alten Frauen des verflossenen Sultans nehmen ihr weibliche Gefolge an ihren Witwensitz mit.

Die älteren Mädchen können nun entweder in der Stufenleiter des Harems aufsteigen: Über die Position einer Kalfa (Assistentin) bis zur Usta (Meisterin), sofern die bisherigen nicht bleiben, was aber selten der Fall ist. Oder aber sie ersuchen, aus dem Hare austreten und selbst heiraten zu dürfen. Dazu erhalten sie Männer in mittlerem Rang. Sie sind sehr beliebt und gesucht, denn sie sind nicht nur schön, sondern wurden auch am Hof bestens erzogen und ausgebildet. Es wird sogar behauptet, dass frühere Gefährtinnen des verflossenen Sultans heiraten dürfen, sofern sie kinderlos geblieben sind.

Die jüngeren Mädchen setzen ihre Ausbildung fort, um schließlich den Prinzessinnen, der Walide oder gar dem Sultan selbst zugeteilt zu werden. Vorher werden sie noch gerne Mitglieder des weiblichen Orchesters im großen Festsaal des Harems. Die jungen und noch nicht eingeteilten Mädchen essen gemeinsam und ruhen zusammen in zwei gemeinsamen Schlafsälen, der Büjük und Kütschük Oda (der großen und kleinen Kammer). Sobald sie eine Beföderung erhalten, übersiedeln sie ins Vorzimmer oder ein Zimmereck ihrer Herrinnen, die sie zu unterhalten, bedienen und informieren haben. Für Mädchen ist es eine eher unangenehme Beförderung, in den eigenen Harem des entmannten Kislar Aga zu seiner Unterhaltung versetzt zu werden. Die dorthin Entsandten müssen miteinander vorlieb nehmen. Erst mit dessen Absetzung oder Tod erhalten sie die Freiheit."

Farudscha war über diese widernatürliche Gewohnheit erstaunt und schüttelte nur den Kopf. Doch war sie auch neugierig, weiteres über die Eunuchen zu hören:

„Den Harem bewohnen bekanntlich noch Eunuchen. Kannst Du mir etwas über sie erzählen?"

Aische gab ihr zur Antwort:

„Wie gesagt, der Kislar Aga ist auch ihr Herr. Der Sultan ernennt oder entlässt ihn und überlässt ihm die Überwachung der Disziplin im Harem, auch über die anderen schwazen Eunuchen. Sie werden durch ihn bestraft, wenn sie etwas Verbotenes getan oder verbrochen haben.

Der Sultan bestraft selbst keinen Eunuchen direkt, sondern überlässt dies seinem Aga des Dar i Seadet, vor dem die Eunuchen einen enormen Respekt haben. Als Herr der Stiftungen der heiligen Stätten in Medina und Mekka sowie von einem halben Tausend anderer Stiftungen, denen er als Nasir (Aufseher) dient, so auch über die Deines Vaters, verfügt er über einen riesigen Reichtum. Ständig am Ohr des Humajun berichtete er seinem Herrn von allen Vorgängen im Enderum (Inneren) und oft auch im Reich selber. Alle Großen suchen sich mit ihm gut zu stehen und beschenken ihn bei jeder sich bietenden Gelegenheit. Jeden Mittwoch hält er bei sich einen Diwan (Ratsversammlung) zur Bearbeitung seiner Stiftungsangelegenheiten ab.

Aber auch er ist gesetzlich ein Sklave und erhält erst seine Freiheit geschenkt, wenn er aus dem Serai tritt. Dies geschieht aber fast nie aus eigener Wahl. Die Achtung seiner Untergebenen und der Haremsdamen, die Huldigungen des ganzen Hofes und aller Großen des Reiches lassen ihn die Ehren und Wohltaten des Sultans genießen, sodaß er nicht daran denkt, freiwillig die formale Freiheit aufzusuchen. Nur wenn ihn die Ungnade des Großherren aus den Serai verbannt, begibt er sich nach Misr (Ägypten) oder Arabien, wo er sich schon vorher über Mittelsmänner angekauft hat. Mag für ihn eine direkter Kauf letztlich auch gesetzlich verboten sein, so wiegt der Kauf über Strohmänner nicht so schwer, ist doch der Sultan in jedem Falle der Erbe seiner Reichtümer."

Farudscha angeregt: „Und die anderen schwarzen Eunchen?"

Aische darauf: „Diese kommen in der Regel ebenfalls aus Abessinien und werden, wenn sie ansprechend sind, in Oberägypten kastriert. Nach ihrer Heilung werden sie an den kaiserlichen Hof oder an reiche Wesire verkauft. Sie sind aber nicht billig, den die Verkäufer mußten sie zunächst selbst kaufen und erhalten. Dazu kommen noch weniger die Ausgaben ihrer Verschneidung und Heilung, sondern vor allem noch die Kosten der Ausfälle, denn nicht alle Kastraten überleben diese Prozedur.

Im übrigen werden die sonstigen schwarzen Sklaven in den arabischen Ländern gerne als Feld- und Hausdiener zu günstigeren Preisen als die großherrlichen Eunuchen gekauft. In der Regel werden sie aber gut behandelt, denn sie waren auch nicht umsonst zu bekommen und man bedarf ihrer Dienste. Gerne werden sie auch an das Haus gebunden, in dem man sie mit Sklavinnen verheiratet. Am Ende erhalten beide samt ihren Kindern die Freiheit, sofern sie Muslime geworden sind. Haben Sklavinnen aber von ihren Herren bereits Kinder bekommen, werden die Mütter jetzt in die Freiheit entlassen und ihre Kinder frei geboren."

Farudscha ersuchte: „Bitte sprich jetzt von den Eunuchen weiter." Aische gab zu bedenken:

„Das ist alles nicht so einfach, das Serai ist eine eigene Stadt in der Stadt (Istanbul) mit vielen wechselweisen Bezügen. Die Eunuchen des Serail haben jedenfalls Aufstiegsmöglichkeiten. Auch sie werden zunächst von Ihresgleichen in einer eigenen Abteilung des Eunuchenquartiers, der Sklavenschule des Harems, für ihre Verwendung ausgebildet. Vorerst werden sie für allgemeine Dienste verwendet, dann können sie die Gehilfen der Agalar der Büjük und Kütschük Oda werden und mit Glück auch diese Stellungen erreichen. Es folgt die Position des Chasinedar Aga (Schatzmeister) des Harems, dann der Schehsade Aga, des ersten Hüter der Prinzen, und schließlich der Walide Aga, des erste Aufwarters, Boten und Leibwächter der Walide Sultana. Selbstverständlich stehen auch dem Sultan einige Eunuchen als Kammerdiener, Boten und interne Leibwächter zur Verfügung. Aus all diesen Quellen wird üblicherweise der Kislar Aga gezogen.

Jeder von diesen ersten Stelleninhabern hat auch Gehilfen zur Verfügung. Von den gehobenen Haremsbewohnerinnen erhält noch einen oder, wenn sie im Range oben angekommen ist, mehrere Eunuchen zugeteilt. So wie es hunderte Haremsdamen gibt, so auch hunderte Eunuchen. Ihre Anzahl ist beliebig und hängt vom Willen der Großherren ab. Zu den normalen Eunuchen kommen noch die gleichfalls verschnittenen Bataldschi (Holzhauer) hinzu, welche die schweren Arbeiten im Harem verrichten, aber keine Schwarzen, sondern Weiße sind."

Ihre Tochter wollte gleich Näheres über die weißen Eunuchen wissen: „Wozu dienen die weißen Eunuchen?" Aische Hatun berichtete:

„Sie kommen meist aus den Grenzen zu Polen, Russland und dem nördlichen Kaukasus. Sie werden von den Krimtataren auf ihren Streifzügen geraubt, wobei ihre Eltern häufig getötet werden. Die Krim erfüllt dabei für die Weißen dieselbe Funktion wie Oberägypten für die Schwarzen. Über Kaffa südlich des Jailagebirges werden sie nach Stambul verschifft und erhalten zwei Aufgaben: erstens die Aufscht über Erziehung der jungen Pagen im Galata Serai und der bereits Aga genannten Pagen im dritten

Seraihof, sowie zweitens die Wache am Bab i Seadet (dem Tor der Glückseligkeit) vor dem Thronsaal (Arz Odasi). Ihr Oberhaupt heißt Kapu Aga (Herr des Tores) und hat denselben Rang wie der Kislar Aga. Doch ist die Anzahl der weißen Eunuchen bedeutend geringer als die der schwarzen. Die Bataldschi wohnen aber außerhalb des Eunuchenquartiers in der Nähe der kaiserlichen Stallungen."

Naheliegender Weise wollte Farudscha noch das Leben der Haremsdamen kennen lernen: „Kannst Du mir noch eine Vorstellung davon geben, was sich in kaiserlichen Harem tagtäglich abspielt?"

Ihre Mutter erfuhr davon über eine Freundin: „Was ich Dir jetzt erzähle, solltest Du nicht groß ausplaudern. In einem Hamam (öffentlichen Bad) machte ich die Bekanntschaft einer Dame, die aus dem Harem des Serai heraus geheiratet hat. Sie schilderte das Leben in Harem zunächst als aufregend und interessant, dann aber öfters auch durch Eifersüchteleien geprägt. Jeder will die Schönste sein und putzt sich dementsprechend heraus. Aber auch spezielle Freundschaften bilden sich unter den Kislar. Daß alles manierlich abläuft, dafür sind vor allem die Kalfas zuständig. Die Mädchen plaudern, musizieren und tanzen gerne. Dazu wird viel gelesen und bisweilen gedichtet. Ein großes Vergnügen bereitet noch der häufige Besuch des großen Hamams im Untergeschoß des Serais. Wirklich viel zu tun haben die Haremsdamen nicht, gehen dem Müßiggang nach und beschäftigen sich vor allem mit Hand-, Nadel-, Näh- und Stickarbeit.

Wenn vornehme Stambulerinnen in ein öffentliches Hamam gehen, Freundinnen besuchen oder im Basar einkaufen, ist dies den Haremsdamen verwehrt. Sie haben im Harem ja Gesellschaft genug. Doch freuen sie sich im Frühjahr und Sommer, bei den häufigen Besuchen des Sultans zu seinen Sommerpalästen am Bosborus mitgenommen zu werden. Bei der Überfahrt rudern sie schwarze Eunuchen in mit Vorhängen verhängten Barken. Hier haben sie wie bei den Festen im Serai die Gelegenheit, den Humajun zu sehen und von ihm gesehen zu werden. Bei Geburten helfen sie gerne mit, genauso bei der Erziehung der jungen Schülerinnen. Werden sie selber krank, sendet der Hekim Baschi (Chefarzt des Serai) nach den angestellen griechischen oder jüdischen Ärzten, bleibt aber anwesend, um die Schicklichkeit bei den Untersuchungen zu überwachen. Besonderen Wert wird auf die Einhaltung der Gebetszeiten gelegt, sofern rituelle Unreinheiten dies nicht verhindern, Du weißt ja jetzt Bescheid. Im Obergeschoß des Serai befindet sich eine eigene Mesdschid für die Frauen, unten im Eunuchenquratier auch eine solche für diese. Nun soll es genug sein. Richte Dich zurecht, denn Dein Vater wird bald einmal heimkehren!"

Bei den Franken

Außerhalb der Landmauern von Galata lag oberhalb das Viertel der Franken mit den europäischen Gesandten und Großkaufleute. Auf Griechisch hieß es Pera (Gegenüber) und auf Türkisch Beg- oder Beyoglu, weil jeder Fremde mit einem Gefolge für einen Prinzen (Begsade), Hekim (Arzt), Kapitän (Kapudan) oder Kaufherren (Basirgan) angesehen wurde. Während Galata vorwiegend von Krämer und Matrosen bevölkert wurde, hielten sich die darüber wohnenden Einheimischen, die Peroten, eine Mischung aus Griechen und Italienern bzw. Genuesen, für etwas besseres. Ein knappes Dutzend dieser Leute waren im Besitz aller untergeordneten Stellen der Gesandtschaften und versuchten, ihre eigenen Ambitionen zu befördern und mit der Politik zu verbinden. Dies gelang ihnen umso besser, als die Gesandten alle paar Jahre wechselten, sie aber immer blieben.

Als Levantiner pflegten Peroten überspitzt ihre eigenen Bekleidungsgewohnheiten. Den morgenländischen Wert für die Kopfbedeckung teilten die Männer und setzten eitel und verschoben ihre hohen Kalpaken seitlich schief auf den Kopf. In geschlossenen Räumen schleuderten sie ihre vorne aufgebogenen Pantoffeln (Babuschen) gerne vor sich, um sie lächerlich mit dem jeweils selben Fuß einzufangen. Die Frauen trugen Stelzschuhe (Galenses), die ihren eigentlichen Zweck im türkischen Bade hatten, aber auch noch bei Spaziergängen und im Hause angezogen ließen. Der eigentliche Zweck dieser Galenses war nämlich, größer zu erscheinen. Da die Perotinnen keine langem Schleppenpelze trugen, sondern nur kurze Pelze (Kondabuni), welche knapp an den Hüften abgeschnitten waren, erschien diese Tracht für Osmanen wie für Europäer wenig schicklich. Kein Wunder, dass die Peroten, die sich selbst als Ausbund der Politesse verstanden, den Franken und Osmanen gleicherweise verächtlich erschienen.

Mustafa Tschelebi ging von Galata nach links hoch und kam zunächst am Kloster (Tekke) der Mewlewi (den tanzenden Derwischen) vorbei. Diese tanzten von Flötenmusik begleitet einer nach dem anderen zunächst langsam hintereinander im Kreis um ihren Scheich herum, indem sie die rechte Handfläche nach oben und die linke unten hielten. Dabei stellten sie den Reigen der Gestirne um die Erde vor, um die Harmonie der Spären zu verkörpern. Indem die Musik und ihr Tanz allmählich immer schneller werden, geraten sie in Verzückung und rufen dabei „Hu" (Er, gemeint Allah). Zuletzt ebbte die Musik wieder ab, und die Sufi (mystischen Derwische) verbeugten sich erschöpft vor ihrem Scheich.

Nach dem Mewlewihane folgte Mustafa dem Weg auf dem Beg Jolu (Fürstenstraße) und erreichte vor dem Galata Serai die Pagenschule, die russische Gesandtschaft und daraufhin die schwedische Vertretung. Hier pochte am Montagnachmittag Mustafa Tschelebi an der Pforte. Jemand in korrekter, aber kleiner osmanische Garderobe kam an das Tor und fragte, am Zungenschlag als Armenier erkennbar, den Besucher nach seinem Begehr. Der Müteweli antwortete wohlvorbereitet: „Ich heiße Mustafa Tschelebi, verwalte in Stambul ein Wakf und hätte gerne Seine Exzellenz (Ekselan), den Beg Schwedens gesprochen".

Der Armenier fragte nach, worum sich die Unterhaltung drehen sollte. Der Müteweli antwortete: „In einer Frage beiderseitigen Interesses."

Damit zeigte sich der Gesandtschaftsangestellte vorerst zufrieden, bat seinen Besucher in den Flur des Stiegenhauses und versprach, den Gesandten zu benachrichtigen. Nach geraumer Zeit erschien er wieder mit einem großen, blonden und blauäugigen Herrn. Der Armenier erklärte dem Besucher:

„Mein Tschelebi, ich bin Tosunjan, der Dolmetscher (Dragoman) des Gesandten, der leider kein ausreichendes Osmanisch spricht. Ihr werdet Euch also über mich unterhalten müssen."

Mustafa Tschelebi hatte nichts dagegen: „Gerne, denn ich nehme an, dass Du das volle Vertrauen des Gesandten besitzt."

Dann verbeigte er sich und fuhr fort: „Seit den Tagen des schwedischen Königs Karl XII. und der Schlacht am Pruth vor 20 Jahren sind die Beziehungen zwischen unseren beiden Reichen ausgezeichnet. Deshalb wende ich mich an den schwedischen Gesandten und nicht an den der Franzosen, welchen wir sonst auch nahe stehen, Wie Du weißt, befinden wir uns in einem heftigen Krieg mit Persien und wollen daher nichts unversucht lassen, die osmanischen Waffen zu schärfen und zu verbessern. Mit den Russen haben wir uns zwar auf die Aufteilung des westlichen Persiens geeinigt, doch sind wir nicht sicher, ob die Moskowiter nicht die Gelegenheit ausnützen werden, um uns in den Rücken zu fallen. Im Frieden am Pruth haben sie Asow an uns verloren, so dass sie Rache nehmen und über diese Festung den Zugang zu unserem schwarzen Meer (Kara Denis) gewinnen könnten.

Ich frage daher nach, ob Schweden, welches seine Ostseeprovinzen an den Zaren Peter verloren hat, nicht auf eine weitere Vertiefung der Beziehungen zum Osmanischen Reich Wert legen würde."
Im Namen des Gesandten fragte der Dragoman: „Du bist nicht der Reis Efendi. In wessen Namen sprichst Du in diesen unruhigen Zeiten?"
Mustafa verstand den Einwand: „Der Herr Gesandte hat völlig recht. Aber er weiß, dass in einer Umwälzung mehr noch als sonst immer Parteien einander entgegenarbeiten. Es steht ja keinesfalls fest, dass die gegenwärtige Pöbelherrschaft immer am Ruder bleiben wird. Wenn sich unsere Zustände wieder gefestigt haben werden, wird es auch im Interesse Schwedens liegen, mit einem gefestigten Reich im Bunde zu stehen." Der Gesandte ließ antworten: „Über ein offizielles Bündnis zu verhandeln, habe ich gegenwärtig keine Vollmacht. Dazu müsste ich die Genehmigung meiner schwedischen Regierung erhalten. Vorläufig würde ich Euch Osmanen auf einer Ebene tiefer jedoch gerne behilflich sein." Genau darauf zielte die Verhandlungsstrategie des Müteweli, er war genau an dem von ihm gewünschten Punkt angekommen:
„Wir wollen unsere Streitmacht verbessern. Dabei haben wir an die Übernahme einzelner fränkischer (europäischer) Kampfgenossen gedacht. Können uns dabei Schweden behilflich sein?" Der Armenier Tosunjan übersetzte folgende Antwort des Gesandten: „Schwedische Offiziere habe ich im Augenblick nicht zur Verfügung. Ich habe aber die Bekanntschaft eines ehemaligen kaiserlichen Generals gemacht, der mit dem Dir wohl bekannten Prinzen Eugen im Feld gegen deren gemeinsamen früheren König Ludwig Ludwig XIV. gestanden hat. Er wurde aber von Eugen enttäuscht und erhielt die erhofften Stellungen nicht. So wechselte er nach Bosnien, wurde Muslim und nennt sich jetzt nach dem früheren Sultan Ahmed." Mustapha zeigte sich erwartungsvoll und fragte: „So jemanden können wir natürlich gebrauchen, zumal er, Maschallah, zu unserem erhabenen Glauben gefunden hat. Kannst Du ihn mit mir bekannt machen?"
Diesem Anliegen ließ der Gesandte zustimmen, erleichtert über den harmlos gewordenen Verlauf des Gesprächs: „Ich werde ihn gleich morgen zu mir einladen."

Mustafa Tschelebi bedankte sich höflich und schlug vor: „Dann hätte ich ihn gerne übermorgen nach dem Mittagsgebet vor dem Eingang zur Rüstem Pascha Moschee getroffen. Kann dies der Herr Gesandte einrichten?"
Der Armenier übersetzte: „Kein Problem. Offenbar wartet dieser General ohnehin auf eine solche Gelegenheit. Er spricht schon einigermaßen türkisch und ist ein älterer großer und schlanker Mann mit grauem Vollbart und blauen Augen, woran Du ihn erkennen kannst. Sein französischer Name lautete Comte de Bonneval. Ich werde ihm Deine äußere Erscheinung schildern."

Damit neigte sich die Verhandlung ihrem Ende zu. Der Gesandte verabschiedete den Wakf-Verwalter und dieser sich vom armenischen Dragoman Tosunjan. Der Müteweli machte sich daraufhin auf demselben Weg, den er gekommen war, wieder hinunter durch Pera zum Goldenen Horn.

Während auf der einen Seite das Vorgebirge des Serai den Hafen begrenzt, tut dies auf der anderen Seite das Vorgebirge, auf dem Galata und dann Pera (Beyoglu) sitzen. Wie jenes 12 Tore besitzt, so auch dieses. Von oben kommend vorbei am rechts liegenden Kloster der Mewlewi-Derwische ging der Wakf-Verwalter abwärts durch das Kule Kapu, das Doppeltor, in die kleinere enge Schwesterstadt Stambuls. Vorbei am großen Turm von Galata, auf den die Feuerwache über 146 in der Dicke der Mauern eingelassenen Stufen hochsteigen konnte, wußte Mustafa Tschelebi. Von dem trutzigen Turm aus konnte man seinerzeit zur Sperrung der Meereszufahrt für die Stadt die Ketten zum Leander- oder Mädchenturm (Kiskulessi) nahe Üsküdar und die in Richting Serai Burnu (Kap) zur Sperrung des Hafens selbst ausbringen. Durch das Gassengewirr mit griechischen, armenischen und katholischen Kirchen sowie an diversen Moscheen vorbei suchte er die Hauptmaut beim Karaköi Kapu am Hafen auf, um sich wieder auf die andere Seite des Goldenen Horns zum Früchtemarkt (Jemisch Iskele) rudern zu lassen. Zu Hause angekommen durfte der Müteweli mit dem Verlauf des heutigen Tages sehr zufrieden sein.

In der Festung

Auch am Mittwoch Nachmittag ging der Müteweli Mustafa Tschelebi in seinen Stammkaffee am Platz vor der Eski Imaret Dschami. Der Meddah Ibrahim erzählte temperamentvoll wie immer vom Kampf Amrus Ibn Modikorb mit dem alten Vater eines Mädchens und seinen drei Brüdern von Dschelaleddin Mohamed Al-Aunt. Da Mustafa diese Geschichte nicht nur wie nun auf Türkisch, sondern auch im urspünrlichen Persisch kannte, beschloss er, schon früher zu gehen und gleich den Imam Evren in der Burg der sieben Türme aufzusuchen. Da das Wetter trotz der späten Jahreszeit noch schön war, rief er den Vermieter eines Pferdes, um an die Seermauer zu reiten, um ihr entlang den schönen Blick auf das Marmarameer (Propontis) zu genießen. An ihrem Ende an der Festung Jedi Kule Kale den Chodscha zu besuchen.

Hart am Ende der dreifachen Landmauern Stambuls und vor dem Übergang zur einfachen Seemauer lag im Südwesten die schon antike, aber immer wieder verfallene, ausgebesserte und erst von Sultan Mehmed II. Fathi 1468 n.Chr. wiederhergestellte Hauptfestung der osmanischen Hauptstadt, die Burg der sieben Türme (Jedi Kule Kale). Ihr früherer Haupteingang, das antike Goldene Tor, war aber zugemauert worden, um eine klare Fortsetzung der Front der Landmauern zu erzielen. Die ganze Festung bildete ihrer Konstruktion nach eigentlich ein Fünfeck mit je einem Turm an jeder Ecke, zu denen in der Mitte der zum Stadtgraben gerichteten Seite links und rechts vom Goldene Tor noch zwei weitere Türme hinzu kamen. Von diesen Türmen waren drei rund und die beiden anderen doppelt ausgeführt aus massiven Quadern. Die Türme und Mauern wurden durch Zinnen bewehrt. Der Flächeninhalt der Festung betrug fast 10.000 Quadratmeter.

Die beiden Quadertürme wurden zu Gefängnissen verwendet, wobei im südlichen Quaderturm der Brunnen des Blutes liegt, weil hier die Köpfe der hingerichteten Staatsverbrecher hinunter geworfen wurden. Der Gestank der abgeschnittenen Köpfe, des Blutes und des Markes machte diesen finsteren und kalten Turm, wo selbst kein Lichtstrahl die Spuren des Blutes sichtbar erkennen ließen, zum schrecklichsten der beiden Gefängnisse. Der größte der Türme war doppelt, befand sich links vom Eingang und hieß der Turm der Janitscharen. Der untere Teil des Doppelturmes war gut 20 Meter hoch mit einem Kranz von Schließscharten, worauf sich noch einmal ein weiterer Turm anschloss, sodass der Turm 40 Meter erreichte. Seit einem Entweichungsversuch wurden die hölzernen Türen durch rotbemalte eiserne ersetzt und nochmals durch ein Fallgitter gesichert. Gleich nach dem Eingang lag der Ort, wo die unglückliche Sultan Osman II. mit 18 Jahren im Zuge einer Janitscharenempörung 1622 n.Chr. durch Erwürgung hingerichtet wurde. Gegenüber lag in einem Saal mit alten Waffen und Ketten und die Kammer des Kjaja oder Unteraufsehers der sieben Türme.

Der Zugang zur Festung lag auf der Stadtseite unter einen kleinen zusätzlichen Turm, der nicht zu den sieben gezählt wurde. Von hier aus führte ein mit Marmor gepflasterter Pfad zum gegenüber liegenden viereckigen Quaderturm. Auf beiden Seiten des Weges lagen riesige steinerne Kanonenkugeln, links eine kleine Masdschid, dahinter 20 bis 30 Häuser für die Janitscharen als Besatzung und noch unregelmäßige Gärten. Der Hof wurde wieder durch eine Mauer getrennt, durch das ein weiteres rot bemaltes Tor führte. Links stand die Wache (Nobetdschi), rechts das Haus des Kommandanten (Aga) der Festung. Im anderen Turm lag das Gefängnis für die Kriegsgefangenen und bei Kriegsausbruch festgesetzten Diplomaten der fremden Mächte. Ihre mäßige Bequemlichkeit mussten sie vom Aga erkaufen. In den übrigen Türmen wurde auch der Staatsschatz untergebracht.

So meldete sich der Müteweli Mustafa Tschelebi beim kleinen, mit einem niedrigen zusätzlichen Turm versehen Eingang bei der Janitscharen-Wache: „Ich hätte gerne mit dem Imam Evren gesprochen, er ist früher Chodscha an unserem Wakf gewesen."

Die gelangweilte Torwache war froh über diese Abwechslung und machte sich zum Kjaja auf. Dieser besah sich den Besucher und bewilligte schließlich den Zugang. Der Imam Evren war rasch an der Schwelle seiner kleinen Moschee anzutreffen und begrüßte den Müteweli wie einen alten Bekannten:

„Wer hätte das gedacht, vom Sohn des früheren Wakf-Verwalters besucht zu werden. Ich kenne Dich noch gut aus der Zeit, als Du noch an der Medrese studiert hast und ich an der Mektib die Jungen unterrichtet habe. Das führt Dich heute zu mir?"

Mustafa Tschelebi wollte nicht sogleich mit der Türe ins Haus fallen und begrüßte den Imam mit den Worten:

„Gott zum Grußc (as Salam alaikum), alter Freund und Chodscha Evren! Oder soll ich sagen: würdiger Imam?"

Evren erwiderte: „Wie Du siehst, bin ich bei meinem Abgang vom Euch nicht nur in eine Bruderschaft eingetreten, sondern habe es auch bis zum Vorbeter gebracht."

Mustafa erstaunt: „Wie kam das? Ich sehe Dich als einen der 8 Derwische im 99. Regiment der Dschemaat. Hier hast Du ja Tag und Nacht für die Wohlfahrt des Reiches und den glücklichen Erfolg unserer Waffen zu beten."

Evren ging auf diese Frage ein: „Allah Kerim (Gott ist gnädig). Ich wollte nie in gänzlicher Abgeschiedenheit und Zurückgezogenheit (Chalwet) leben, sondern in einer Gemeinschaft gleich Gesinnter. Also kamen die Chalweti für mich nicht infrage. Die Rufaai suchen zu sehr mit übertriebenen Schaustellerkünsten nur das einfache Publikum zu beeindrucken. Ähnlich die Kadri. Also kamen unter den 31 Orden nur drei Bruderschaften für mich infrage"

Mustafa Tschelebi fragte: „Hast Du sie alle geprüft und ausprobiert?"

Evren, der frühere Chodscha, gab nicht ungern darüber Auskunft: „Zunächst sah ich mich bei den Nakschbendi um. Sie sind schon deshalb wichtig, weil in ihr Angehörige aller Klassen vertreten sind. Ihre Obliegenheit besteht nur darin, einige Gebete in Gemeinschaft oder öffentlich zu verrichten. So würdig dies ist, hat es mich geistig nicht wirklich befriedigt. Also wechselte ich zu den Mewlewi."

Mustafa wandte ein: „Hier bist Du auch nicht geblieben, Warum?"

Evren erklärte: „Sie sind in erster Linie Sufis (Mystiker) und auf ihr eigenes Seelenheil bedacht. Zwar werden auch Gedichte und Gebete Mewlana Dschelaeddin gesungen. Vor allem die Musik hat es mir angetan. Doch der Kreistanz ist mir zu einschränkend geworden. So bin ich denn bei den Betaschi gelandet."

Allmählich kam der geschickte Müteweli auf den Kern seines Besuches zu sprechen: „Wie bekommt es Dir also nun?"

Evren hielt sich nicht zurück: „Hier habe ich die Möglichkeiten der Gemeinschaft und des öffentlichen Tuns. Wir Betaschi nennen und verstehen uns als Mitglieder der Familie der Janitscharen. Unser Scheich ist zugleich der Oberst der 99. Orta der Dschemaat. Bei öffentlichen Aufzügen und an Diwanstagen im Serai gehen wir grün gekleidet und mit den Fäusten vor der Brust vor dem Pferd unseres Janischarenagas. Der Älteste ruft beständig „Kerim Allah" und wir alle antworten mit „Hu". Unsere Sorge gilt dem Ansehen und der Moral unserer Truppen und ihrer Tapferkeit."

Jetzt wagte es der Müteweli est, die entscheidende Frage zu stellen: „Und wie verhaltet ihr euch in der jetzigen ruhigen Zeit?"

Der Imam der Festungsbesatzung wiegte den Kopf: „Anfangs war unsere Herdschaft (Korps) schwer enttäuscht, erst so spät ins Feld gegen die schiitiscen Ketzer zu ziehen und den Winter in Anatolien verbringen zu sollen. Dies benützten vor allem auch jene ‚Ehrenmitglieder' aus den unteren Schichten, die nie daran dachten, in den Krieg zu ziehen, sich durch Plünderungen und Erpressungen zu bereichern. Diese Meinung gewann zunächst unter den aktiven Janitscharen an Einfluss und Umfang, nachdem aber unverzüglich das Thronbesteigungsgeschenk gewährt und verteilt wurde, ließ er nach oder verschand überhaupt. Natürlich stehen andere nach wie vor zu Patrona Chalil und Mussli, insbesondere wenn sie auf weitere Wohltaten und Beförderungen hoffen dürfen. – Doch erzähle nun Du, wie es dem Wakf Deiner Familie geht!"

Der Müteweli gab darüber gerne und ausführlich Bericht, um nicht durch weiteres Nachbohren Verdacht zu erwecken. Er blieb noch bis zum Abendgebet, welches der Imam Evren zelebrierte. Danach verabschiedete sich und begab sich befriedigt zurück nach Hause. Sein Eindruck von der uneinheitlichen Haltung der Janitscharen hat sich also bestätigt.

Der weitere Bericht

Am folgenden Donnerstag machte sich Mustafa Tschelebi gleich nach dem Mittagsgebet auf den Weg zur Rüstem Pascha Moschee. Er ging also hinten an der Suleimanije vorbei und links hinab in Richtung Hafen. Auf der Terasse des offenen Marktes der Mattenverkäufer (Hasirdschilar Tscharschisi) über dem ägyptischen Markt sah er sich zunächst nach einem großen und schlanken Herrn mit blauen Augen und grauem Vollbart um, ohne gleich einen solchen zu entdecken. Um sich die Zeit zu vertreiben, besichtigte er die Dschami wieder einmal, denn die schönen blauen Fayencen (Fliesen) im Inneren und unter den Bögen des Vorhofes, die ihn an die jüngere Ahmedije erinnerten, entsprachen sehr seinem ästhetischen Empfinden. Die Moschee mit einem Minarett wurde vom Großwesir Sultan Suleimans gestiftet, dem Gatten der einflussreicher einzigen Tochter des Padischah mit Hürrem (Roxelane) Mihrimah.

Nach einigen Minuten des Wartens sprach ein Graubärtiger den Wakf-Verwalter von der Seite an:

„Entschuldige. Sei mir gegrüßt (Salam). Ich komme vom Dragoman Tosunjan und sollte einen Müteweli Mustafa Tschelebi treffen. Nach seiner Schilderung könntest Du es sein."

Der Müteweli bestätigte: „Jawohl, ich bin es. Und wie ich an Deinen blauen Augen vermute, glaube ich in Dir einen gewissen Ahmed aus Beyoglu zu sehen."

Ahmed darauf: „Fein, daß wir zusammengetroffen sind. Ich glaube, wir werden ein wichtiges Gespräch führen."

Claude Alexandre Comte de Bonneval war jetzt 55 Jahre alt und stammte aus dem Limousin. Er stellte sich mit den Worten vor:

„Mit 13 Jahren trat ich als Abkömmling einer alten Familie in die französische Marine ein, wechselte aber nach drei Jahren zum Heer und stieg zum Regimentskommandeur auf. Für König Ludwig XIV. diente ich in Italien und den Niederlanden und habe dort meinen Mut und meine militärische Begabung bewiesen. Als ich in einer Ehrenangelegenheit etwas unverschämt auftrat und im Spanischen Erbfolgekrieg mit einem Seitenwechsel drohte, berief der Kriegsminister ein Kriegsgericht gegen mich ein. Das Pariser

Parlament verurteilte mich zum Tode, doch gelang es mir noch rechtzeitig, nach Deutschland zu fliehen. Hier hat mir mein früherer Landsmann Prinz Eugen von Savoyen ein Generalkommando verschafft."

Mustafa Tschelebi erinnerte sich aus eigener Familienerfahrung: „Gegen uns Osmanen hatte dieser Prinz unser Heer beim Übergang über die Theiss bei Zenta trotz der Warnung Dschafer Paschas an den Großwesir Elmar Mehmed Pascha angegriffen und schwer geschlagen. Sein Siegelbewahrer war mein Großonkel Ali aus Temesvar, er berichtete uns darüber in seiner ausführlichen ‚Chronik der Begebenheiten Dschafer Paschas'. Der das Heer selbst befehligende Großherr Mustafa II., der Vater unseres neuen erhabenen Sultans Mahmud, wollte nämlich den Fluß überschreiten und rechnete nicht mit der raschen Ankunft der christlichen Armee. Dschafer Pascha fiel wie der Großwezir in dieser Schlacht bei der Verteidigung des osmanischen Brückenkopfes."

Ahmad aus Beyoglu erwiderte: „Damals war ich noch nicht dabei, sondern noch in Frankreich. Mein erster größerer Einsatz für den römisch-deutschen Kaiser Joseph I., den älteren Bruders des gegenwärtigen Habsburger-Kaisers Karl VI., war die Eroberung von Comaccio, wo ich auch am Arm verwundet worden bin. Anschließend kämpfte ich auf kaiserliche Seite in der siegreichen Schlacht von Malplaquet. Nach dem Friedenschluss wurde mein Todesurteil in Frankreich fallen gelassen, sodaß ich in Paris die Tochter des Marschall von Biron heiraten konnte. Darauf nahm ich im Krieg gegen Euch an der Schlacht von Peterwardein, in der ich wieder verwundet wurde, und an der Belagerung und Schlacht von Belgrad teil. Ich hoffe, ihr nehmt mir dies nicht übel."

Der Müteweltik zeigt sich in Erinnerung an den Auftrag des Kapidschi Baschi großzügig: „Jeder tut am Ort seines Dienstes nur seine Pflicht."

Der Comte de Bonneval vulgo Ahmad fuhr fort: „Leider entzog mir dieser Prinz Eugen allmählich seine Gunst und vergalt mir meine Leistungen mit seiner Missgunst. Der Prinz war nämlich Generalsstatthalter der nun dem Kaiser gehörenden ehemals spanischen Niederlande geworden und hatte seinen Landsmann und früheren Förderer Marquis de Prié zu seinem Stellvertreter ernannt, den Posten hatte er eigentlich mir in Aussicht gestellt. Er schickte mich nur mit einem Artilleriekomando in die Niederlande, wo ich sogleich gegen den tyrannischen und korrupten Vizestatthalter aktiv wurde. Die Truppe, der Adel und das Bürgertum waren auf meiner Seite, ich meldete all dies an den Wiener Hof weiter. Nun entzog mir Prinz Eugen seine Freundschaft und bewirkte meine Entlassung aus dem kaiserlichen Dienst. Zugleich trat ich für die Ehre der Königin von Spanien ein, was mir insgesamt ein Jahr Haft eintrug."

Mustafa Tschelebi fragte: „Wie ging es mit Dir weiter? Konntest Du nicht bei einem anderen christlichen Monarchen Aufnahme und Dienst finden? „Ahmad aus Beyoglu: „Ich bot Frankreich, Spanien, Polen und Venedig meine Dienste an, wurde aber aus Rücksicht auf Kaiser Karl VI. nirgends aufgenommen. So reiste ich über Venedig und Eure tributpflichtige Republik Ragusa nach Bosnien, wo ich türkisch lernte und den erhabenen Islam annahm. Schließlich bin ich nach anderthalb Jahren in die osmanische Hauptstadt gekommen und habe mich schon Sultan Ahmed III. angeboten, doch kam mir Eure Revolution dazwischen. Meine Absicht bleibt aber dieselbe, nämlich mich zu rächen und meine Ehre als Offizier wieder herzustellen."

Jetzt kannte der Müteweli als Emissär, was er wissen wollte: „Ich frage Dich demnach, ob Du auch unserem jetzigen großmächtigen Padischah Mahmud zu dienen bereits bist? Als bewährtem Soldaten gibt es sicherlich für Dich entsprechende Möglichkeiten."

Der ehemalige kaiserliche General erklärte klipp und klar: „Jawohl, dazu bin ich nach Istanbul gekommen!"

Mustafa Tschelebi war hoch zufrieden: „Das freut mich zu hören. So will ich Deinen Wunsch ins Serai tragen und Dich nur ersuchen, mir Deine Unterkunft zu nennen, damit wir weitere Verbindung halten können."

Ahmad aus Beyoglu war dazu gerne bereit: „Ich wohne im Chan (Hotel oder Karawanserai) der Aga Dschami in Pera (Beyoglu) für Muslime wie Ungläubige und warte auf eure hoffentlich baldige Antwort, besser noch auf eure Angebote." Offenbar um seine Loyalität zu unterstreichen, ging nach diesem Gespräch Ahmad gemeinsam mit Mustafa noch zum Nachmittagsgebet in die Rüstem Pascha Dschami. Anschliessend trennten sie sich freundlich voneinander.

Im Anschluß daran wandte sich der Müteweili wieder zum Platz vor der Sultan Bajesid Dschami, um wie vereinbart dem Kammerherrn Mehmed Aga zu berichten:

„Die Stimmung und die Einstellungen der Janitscharen sind auch in Jedi Kule geteilt. Zudem hat sich bestätigt, dass der frühere Bostandschi Barschi

Ibrahim Aga Kabakulak und der abgesetzte Khan der Krimtataren Mengligirai noch in der Stadt sind. Wo genau sie wohnen, konnte ich noch nicht in Erfahrung bringen, doch dürfte der Tatarenkhan in einer ihm gehörenden Karawanserai untergekommen sein. Über den Subaschi (Polizeihauptmann, eigentlich -leutnant) wird sich doch in Erfahrung bringen lassen, wo sich die beiden jetzt aufhalten."

Der Kapidschi Baschi versicherte, daß nach ihnen gefahndet werde. Er fragte: „Und wie sieht es mit dem ausländischen General aus?"

Hier konnte Mustafa Tschelebi bessere Auskunft geben und schilderte sein Zusammentreffen mit dem Comte de Bonneval vulgo Ahmad. Nach seinem Eindruck von ihm gefragt, erklärte der Müteweli:

„Offenbar ist dieser Ahmad aus Beyoglu sehr ehrbewusst und ehrgeizig. Seine militärische Laufbahn spricht, soweit ich es beurteilen kann, für einen tapferen und erfahrenen General. Auf alle Fälle würde ihm eine Verwendung in unserem Reiche sehr entgegenkommen, er strebt sie nämlich ganz offen an. Ihm zu bedeuten, dass es bei uns für ihn Möglichkeiten geben könnte, würde seinem Rachebedürfnis unbedingt entgegenkommen. Er hält sich im Chan der Aga Dschami in Beyoglu auf und wartet brennend auf unsere Antwort. Meiner Einschätzung nach wäre er eine Bereicherung für unsere Wehrmacht."

Mehmed Aga war ganz einverstanden: „Gut gemacht! Also werde ich dem Serai, sprich dem Dar i Seadet (Harem), berichten und empfehlen, diesen ehemaligen General des Kaisers sobald wie möglich in unsere Dienste zu nehmen. Solltest Du noch weiteres über den ehemaligen Bostandschi Baschi und den abgesetzten Tatarenkahn erfahren können, berichtete mir dies bei unserem nächsten Treffen am Sonntag Nachmittag hier und zur selben Zeit."

Einander freundlich grüßend gingen der Agentenführer und sein Agent am Ende dieses ereignisreichen Tages wieder ihrer Wege.

Erste Medresenerfahrungen des Sohnes

Am freitäglichen Feiertag kam Omer nach dem gemeinsamen, noch in der Medrese abgehaltenen Mittagsgebet zu seinen Eltern nach Hause. Er machte klar:
„Ich sah in drei Tagen, daß zwischen meiner alten Mektib und der neuen Medrese an der Jeni Dschami ein großer Unterschied besteht. Weniger im Lehrstoff, sondern im Umgang der Schüler mit ihren Lehrern. Nach der Mektib gingen wir als Schüler heim, nun sind wir ferne von zu Hause und leben mit Kommilitonen zusammen. Diese Art der Kameradschaft ist mir neu."

Sein Vater wollte wissen: „Und wie gefällt Dir dieses Zusammenleben?"

Omer gestand: „Es ist in erster Linie eine Zusammenarbeit, aber noch keine reine dauerhafte Freundschaft,"

Sein Vater meinte: „Das wird hoffentlich schon bald kommen. Was hast Du bisher gehabt?"

Omer berichtete: „Ich hatte bisher eine Verbessung des osmanischen Türkisch, denn wir kommen aus verschiedenen Provinzen mit unterschiedlichen Dialekten. Dann gingen wir das Hocharabische an, im dem unsere heiligen Schriften gehalten sind. Hier tat ich mir nicht so schwer, denn in der Mektib wurde ich gut vorbereitet. Kommende Woche sollen wir Mathematik und Persisch angehen."

Auch seine Mutter Aische erkundigte sich: „Wie bist Du mit dem Essen zufrieden?"

Omer bescheiden: „So gut wie zu Hause bei Dir schmeckt es nicht. Doch es ist ausreichend, mit Pilaw, viel Gemüse und Obst. Ich freue mich schon darauf, was Du und Deine Haushaltshilfe Eske, Alis Frau, mir für den Nachmittag gekocht habt."

Der Vater bestätigte heiter: „Daran erkenn man den Studenten: immer hungrig."

Besorgt fragte die Mutter noch: „Hast Du viel Heimweh?"

Omer tapfer: „Am Anfang schon etwas, aber die vielen neuen Eindrücke und das Studium lenken mich ab. Immerhin darf ich ja jetzt ein Monat lang am Freitag Nachmittag zu Euch kommen."

Seine ältere Schwester Farudscha wollte wissen: „Wie bist Du untergebracht?"

Omers Antwort: „Ich teile bei einem netten Krimtataren eine Hudschre (Kammer). Er kam eine Woche vor mir in die Jeni Dschami Medrese."

Sein Vater wollte wissen: „Wie heißt er denn?"

Omer meinte: „Er scheint aus einer guten Familie zu kommen und nennt sich Ismetgirai".

Das Suffix ließ dem Tschelebi besonders aufhorchen, es deutete nämlich auf die erste Familie der Krim hin: „Weißt Du, woher er kommt?"

Seine Herkunft war Omer schon bekannt: „Er erzählte mir, in Bachtschiserai aufgewachen zu sein."

Mustafa bohrte weiter: „Hat er Dir auch etwas von seinem Vater gesagt?"

Auch darüber haben sich die beiden Zimmerkollegen unterhalten: „Ismetgirai schilderte, sein Vater wäre noch vor kurzem Khan der Krim gewesen."

Der Müteweli war sich nun klar und fragte seinen Sohn: „Heißt er vielleicht Mengligirai?"

Omer bestätigte: „So nannte er ihn wohl. Aber er befindet sich nicht mehr auf der Krim und wohnt jetzt im Chan Ferhadpaschas beim Besestan. Er hätte zwar selbst einen Chan, möchte aber nicht belästigt werden. Dort besucht ihn Ismetgirai heute und kommt erst vor Sonnenuntergang (Ikindi) zurück."

Nun war der Müteweli durch Glück und Zufall im Bilde. So hatte nichts dagegen, als seine jüngste Tochter Amal ihren Bruder bedrängte: „Omer, wollen wir nach dem Essen Tricktrack (eine Art Blackgemmon) spielen?" Er stimmt seiner kleinen Schwester gerne zu, und so entspannte sich auch für Mustafa Tschelebi die Situation. Wonach er schon tagelang gesucht hatte, hat sich nun unverhofft aufgeklärt, Hamdullah (Gott sei Dank).

Noch ein Bericht

Am folgenden Vormittag musste sich Mustafa Tschelebi intensiv um sein Mütewelik kümmern und die Handwerker anleiten. Denn am Morgen kamen die Dachdecker, um die Masdschid oben auszubessern, bevor die bevorstehenden Unwetter Schaden anrichten konnten. So war er froh, Mittagsgebet und Mittagessen hinter sich zu bringen und anschließend Siesta halten zu können. Wohl ausgeruht ging er nach dem Nachmittagsgebet in sein geliebtes Kaffeehaus am Platz vor der Eski Imaret Dschami. Der Meddah Ibrahim war wieder gut in Stimmung und erzählte die „Geschichte von der ehernen Stadt". Er begann mit der Unterhaltung des omayadischen Kalifen Abdal Melek aus Damaskus (es Scham) mit seinen Hofleuten über die Größe und Wunder des Königs Salomon, der sich Menschen und Tiere unterworfen, aber die Geister als Gefangene in eherne Töpfe eingeschlossen und mit seinem Siegel verschlossen hatte. Talib, einer seiner Gefolgsleute berichtete dabei von einem Schiffbruch auf seiner Reise nach Indien, der ihn an die Küste warf und gewahr wurde, wie ein Fischer einen dieser Töpfe mit seinem Netze fing, diesen öffnete und einem riesigen Geist in den Himmel entschwinden sah. Kein Wunder dass dem Kalifen diese Geschichte äußerst gefiel, so dass er eine gewaltige Expedition ausgerüstete, um einige Töpfe mit den gefangenen Geistern holen zu lassen.

Talib an der Spitze als Führer für den Bruder des Kalifen Abdolasis, den Vizekönig von Ägypten, und Mussa, den Vizekönig der Maghreb, machte sich auf die ungeheure Reise unter dem Kommando des vielgereisten Abdossamed Almasmudi ins Land der ehernen Töpfe, welche über zwei Jahre für die Hinreise und noch einmal so viel Zeit für Rückreise Inanspruch nehmen sollte. So machten sie sich in Gottes Namen auf den Weg und nach tausend Gefahren kamen sie endlich zu einem prachtvollen Palast, der aber völlig menschenleer war. Seine Inschriften berichten vom traurigen Schicksal seiner Bewohner und mahnten zu gottesflüchtiger Bescheidenheit. Tief erschüttert setzten die Expedition Tag und Nacht die Reise nach der ehernen Stadt fort. Unterwegs traf sie auf einen unheimlichen Dschin (Geist), der gegen Salomon rebelliert hatte, wie alle Dschinnen.

Hier brach der Meddah seine Geschichte ab. Die gebannt lauschenden Zuhörer riefen: „Wie geht die Geschichte weiter? Fahre fort!"

Doch Ibrahim ließ sich nicht erweichen: „Wenn Ihr die Fortsetzung hören wollt, müsst Ihr Morgen zur selben Zeit wieder kommen. Dann erzähle ich Euch die Geschichte fertig."

Um ihn bei guter Laune zu halten, selber aber begierig nach dem Weitergang des Märchens, spendeten die Zuhörer dem Meddah reichlich. Mustafa Tschelebi schloss sich dabei nicht aus. Nach der Bezahlung seiner Zeche machte er sich rasch auf dem Weg zur Sultan Bajesid Dschami.

Fast schon etwas zu spät traf der Informant des Serai im Vorhof der Moschee auf seinen Auftraggeber, den Kammerherrn Mehmed Aga: „Entschuldige bitte meine kleine Verspätung, der Meddah in meinem Kaffeehaus hielt einen zu spannenden Vortrag."

Der Kapidschi Baschi zeigte sich großzügig wie erleichtert: „Die Hauptsache ist, dass Du mich nicht allzu lang warten ließest, und ich mir keine Sorgen um Dich machen muss. Nun aber berichte, was Du herausbekommen hast!"

Mustafa Tschelebi dankte: „Es ehrt mich sehr, daß Du besorgt warst. Mir ist nichts Schlimmes passiert, Allaha Schükür (Gott sei Dank). Nun, ich kann Dir berichten, in einer Angelegenheit erfolgreich gewesen zu sein, in einer anderen nicht. Was willst Du als erstes hören?"

Mehmed Aga begehrte zuerst die schlechte Nachricht zu hören. Darauf antwortete der Müteweli:

„Vom Aufenthalt des früheren Oberhaupt von Euch Kammerherrn, von Ibrahim Aga Kabakulak habe ich nichts erfahren."

Dafür vermochte der Kapidschi Baschi seine Informanten zu beruhigen: „Der Istanbul Aga (Kommandant der Hauptstadt) hatte mit seiner Fahndung Erfolg und konnte das ‚Grobohr' ausfindig machen. Wir konnten bereits mit ihm Verbindung aufnehmen. Also berichte jetzt bitte von Deinem Erfolg!"

Dies tat Mustafa Tschelebi mit Vergnügen: „Der frühere Tatarenkhan Mengligirai hat sich im Chan Ferhadpaschas beim Besestan einquartiert. Er scheint recht unbesorgt zu sein, denn er empfängt den Besuch seines Sohnes, der wie mein eigener Sohn die Medrese an der Jeni Dschami besucht."

Der Agentenführer war erleichtert: „Jetzt ist es klar, warum wir ihn in keinem Chan gefunden haben, der einem Tataren gehört oder von einem solchen geleitet wird. Wir haben noch nicht alle Chane Stambuls und seiner Umgebung durchforsten können. Mengligirai hat sich also geschickt versteckt. Wir werden in Kürze mit ihm Verbindung aufnehmen, Inschallah (so Gott will)."

Mustafa Tschelebi bestätigte: „Oft ist eine Menschenmenge wie im oder beim gedeckten Basar ein verborgener Ort als in einer mehr oder weniger menschenleeren Umgebung."

Der Kapidschi Baschi Mehmed Aga lobte: „Schon mit dieser Bemerkung bestätigt sich, in Dir die richtige Persönlichkeit gefunden zu haben. Ich werde jetzt sogleich das Serai aufsuchen, um von Deiner wichtigen Mitteilung zu berichten. Wie ich Hadschi Beschir Aga kenne, wird sich der Kislar Aga Dir gegenüber nicht kleinlich zeigen, er weiß gute Dienste zu belohnen.

Der Müteweli bescheiden: „Ich habe mich Dir gerne zur Verfügung gestellt. Es ging mir um die gerechte Sache, aber nicht um eine Belohnung. Wenn das Serai zufrieden ist, bin ich es auch. Ich darf mich daher von Dir verabschieden, as' Salam alaikum."

Ohne ein neues Treffen zu verabreden, verließ jetzt auch der Kammerherr die Szene: „Waʿalaikumu s-Salām."

Der Gegenschlag

Die Aufrührer vermeinten mittlerweile, im regierenden Tatarenkhan Kaplangirai eine wichtige Stütze gefunden zu haben. Doch sie haben sich gewaltig verrechnet, während er nämlich zum Scheine mit ihnen auf bestem Fuß stand, diente er dem Kislaraga, der dem unerträglichen Zustand ernstlich ein Ende bereiten wollte.

Der Oberstheeres und -landrichter von Anatolien Sulali, ein Parteigänger der Rebellen, vertraute sich seinem vermeintlichen Verbündeten Kaplangirai an:

„Wir planen, den Großwesir, Mufti und Kislaraga zu stürzen und hoffen auf Deine Unterstützung. Der Janitscharenaga soll zum Großwesir, Patrona zum Kapudanpascha und Mussli zum neuen Janitscharenaga gemacht werden."

Mit dieser Mitteilung setzte sich der regierende Tatarenkhan Kaplangirai mit seinem Vorgänger Menligirai, der die ihn Stürzenden hasste, ins Einvernehmen und verständigte die amtierenden Minister. Hadschi Beschir Aga sammelte dagegen Männer von erprobter Tüchtigkeit und Ablehnung der Revolutionäre, um diese zu vertilgen: Neben Kaplangirai und dem Großwesir Silihdar Mehmed Pascha, den Kapudanpascha Dschanüm Chodscha, Ibrahim Kabakulak, den seinerzeitigen Kethüda (Kjaja, Stellvertreter) des früheren Statthalters (Beglerbeg oder Wali) von Ägypten (Misr) Mehmed Pascha, der selbst schon den gefährlichen Aufstand des Mohamed Tscherkessbeg durch einen Hinterhalt blutig niederschlug, ein Probestück von Rebellenvertilgung. Ibrahim Kabakulak wurde daraufhin als Bostandschi Baschi ins Serail berufen, von wo aus er früher abgesetzt und verbannt worden ist. Zum Zirkel der Gegenrevolutionäre kam noch der Oberstland- und Heeresrichter von Rumelien Paschmakdschisade Efendi, welcher schon früher einen Antrag Patrona Chalils mit Verachtung von sich gewiesen hatte und das Bestechungsgeld, welches dieser an seine Leute verteilte, beim Fenster hinaus und ins Meer werfen ließ. Schließlich gewannen die Konterrevolutionäre für ihren Vernichtungsplan noch den Defterdar (Finanzminister), Kjajabeg (Stellvertreter des Großwesirs) und den Obersten des 7. Janitscharenregimentes, dem Patrona Chalil ja selbst angehörte, einen stämmigen Mann, der wegen seiner vorzüglichen Stärke, der Chalil Aga Pehlewan hieß, der Ringer oder Kämpe.

Den Gegenrevolutionären war klar geworden, dass die Stimmung im Volke und hier bei den Janitscharen samt ihrem Anhang gespalten war. Der Großwesir berichtete von einem Treffen mit dem Kislaraga, der bei aller Entschlossenheit zurecht gemeint hatte: „Einen Volksaufstand zu fördern, wäre zu gefährlich. Wir müssen eine interne Lösung finden."

Ibrahim Kabakulak schlug vor: „Empfehlenswert wäre ein Vorgehen, wie es der Beglerbeg Mehmed Pascha in Misr so erfolgreich durchgeführt hat. Ohne kluge Gewaltanwendung wird es nicht gehen."

Der Kapudanpascha gab zu bedenken: „Zunächst müssen wir verlässliche Truppen finden, in erster Linie vertrauenswürdige Janitscharen." Der Defterdar sprang ihm bei: „Ich werden 5.000 Dukaten aus dem öffentlichen Schatz bereitstellen, um ihre Verlässlichkeit zu befestigen. Mein Abteilungsleiter Istambol Mukataasi Kalemi Murad Efendi wäre zur Übergabe der richtige Mann, ihn hat Revolution zutiefst erschüttert und seine Pachten Istanbuls gekostet, so ist er absolut verlässlich."

Dazu entschied der Großwesir Silihdar Mehmed Pascha: „Der Oberst des siebten Janitscharenregiments leidet darunter, dass der Rebellenhäuptling ausgerechnet seinem eigenen Orta angehört. Er ist ein tapferer Recke von gewaltiger Statur und in seinem Regiment durchaus angesehen. Murad Efendi soll Pehlewan Chalil Aga den Betrag unauffällig aushändigen, um mit den 5.000 Dukaten die richtigen Janitscharen anwerben zu können."

Der Khan der Krim Kaplangirai ergänzte: „Dieses Vorgehen ist dem Kislaraga mitzuteilen, um es Efendim (seiner Majestät) Padischah zu unterbreiten. Ich kann mir nicht vorstellen, dass Sultan Mahmud etwas dagegen haben könnte. Der ganze Aufruhr beeinträchtigt sein Ansehen als Selbstherrscher. Unser Großherr möge einem seiner Kapidschi Baschi befehlen, sich mit Pehlewan Chalil ins Einvernehmen zu setzen."

Die Falle

Der Abteilungsleiter Murad Efendi traf am 10. Dschem-ewwel 1143 d.H. (21. November 1730 n.Chr.) Pehlewan Chalil Aga: „Große Entwicklungen stehen vor der Türe. Dazu habe ich den Auftrag, Dir 5.000 Dukaten zur Verteilung an persönlich bekannte und vertrauensvolle Janitscharen zu verteilen, um mit ihnen Patrona Chalil samt seinem persönlichen Anhang zu beseitigen und in die Dschahannam (Hölle) zu schicken."
Der stämmige Oberst des 7. Janitscharenregimentes freute sich: „Es wird mir ein Vergnügen sein, das Gesindel in das Nar (ewige Feuer) zu werfen."
Der Anschlag sollte zwei Tage später im bereits angekündigten Diwan (der Ratsversammlung) des Großwesirs anstattfinden. Patrona Chalil fordert diesen darin auf, den Russen als Verbündeten der Perser den Krieg zu erklären. Der Tatarenkhan sprach sich aber dagegen aus:
„Wir haben alle Hände voll zu tun, den Persern wieder die verloren gegangenen Ostprovinzen abzunehmen. Wir dürfen unsere Kräfte nicht in einem Zweifrontenkrieg vergeuden und zersplittern."
An diesem Tage waren so viele Rebellen anwesend, sodass die Ausführung des Mordanschlages um zwei Tage verschoben wurde, in dem abermals der Krieg gegen Persien und Russland an der Hohen Pforte beraten werden sollte. Die Zwischenzeit wurde genützt, Pehlewan Chalil und 32 ausgesuchte rüstige Männer dort im Fayencenzimmer zu verstecken.
Nachdem die Beratung am 14. Dschem-ewwel 1143 d.H. (25. November 1730 n.Chr.) zu Ende gegangen war, kündigte der Großwesir dem Patrona Chalil an, dass seine Majestät (Efendim) der Padischah huldreichst beschlossen habe, ihn als Beglerbeg vom Rumili einzukleiden. Doch Patrona wollte angesichts der folgenden Feldzüge jetzt Janitscharenaga werden und schrie:
„Ich will den Pelz (die Paradeuniform) nicht!"
Daraufhin feindete Patrona Chalil den Großwesir weiter mit aufmüpfigen Reden an. So wurde beschlossen, sich wegen der Kriegserklärung ins Serai zu begeben. Pehlewan Chalil und seine 32 Reisigen eilten durch das Tor der kalten Fontaine zum Thronsaal. Die Großwürdenträger verfügten sich

in den Köschk von Eriwan. Von hier aus begab sich der Großwesir in den Arz Odasi (Thronsaal).

Sobald der Sultan am Sofa Platz genommen hatte, wurde Patrona zur ehrenden Einkleidung durch das Bab i Seadet (Tor der Glückseligkeit) in den dritten Palasthof eingelassen und in den Thronsaal geführt. Nun gab der Großwesir das vereinbarte Zeichen, und Pehlewan mit seinen 32 Helfern brach aus dem Nebensaal hervor, in dem sie sich verborgen hatten. Der Janitscharenoberst hielt es für eines wackeren Mannes unwürdig, den Patrona hinterrücks und heimlich anzufallen. Er trat offen vor ihn hin und fragte laut: „Wo ist der Mann, der Janitscharenaga sein will?"

Daraufhin zog Patrona zu seiner Verteidigung einen Dolch, wurde aber samt seinem Begleiter Mussli von den 32 Getreuen zusammengehauen. Ein weiterer Begleiter der Rebellen, der alte Wunli, wurde den Bostandschi (Gartenwachen) in Gewahrsam übergeben. 26 Rebellenführer ihres Gefolges wurden unter dem Vorwand der Einkleidung in Ehrenpelze nacheinander eingeführt und niedergemacht.

Die Minister gratulierten dem Sultan zum Sieg über die Revolutionäre. Ihre Anführer beraubt war die Unruhe vorerst erstickt. Der noch drei Wochen vorher mittels Patrona Chalil ernannte Woiwode (Fürst) der Moldau Janaki wurde geköpft und wieder durch seinen Vorgänger Gregor Ghika ersetzt. Ein Hatt i Scherif (erhabenes Handschreiben des Sultans) danke den Janitscharen für die erwiesene Treue. 50.000 Piaste wurden unter die Janitscharen, 30.000 unter die Topdschi (Artilleristen) und 35.000 unter sie Dschebedschi (Waffenschmiede, technische Truppen) verteilt. Pehlewan Chalil wurde zum Kulkjaja (Stellvertreter des Janitscharenaga) befördert. Aber auch der Istambol Mukataasi Kalemi Murad Efendi wurde zum Basch Muhassebessi Kalemi (Leiter des Hauptrechnungsbureaus) befördert, der Kapidschi Baschi Mehmed Aga erhielt eine monatliche Zulage von 10 Piastern und der Müteweli Mustafa Tschelebi wurde einmalig mit 250 Piastern belohnt.

Die Vertilgung der Rebellen

Der Umschwung kam also in Gestalt einer Palastrevolution, aber mit weitreichenden Folgen. Die Stützen des Reiches wurden teilweise ausgetauscht: Das tätigste Werkzeug der Rebellenvertigung war der ehemalige Kethüda (stellvertetende Statthalter) von Ägypten und dann Bostandschi Baschi Kabakulak Ibrahim. Aus eine Bauernfamilie in Karahissar stammend war er vor 40 Jahren als Kammerdiener in die Dienste des 1691 n.Chr. bei Slankamen gefallenen Großwesir Fasil Mustafa Köprili Pascha getreten. Unter den folgenden Großwesiren hatte er sich vom Sekretär zu einem Chodschagan emporgeschwungen. Der Reichsgeschichtsschreiber wusste zu berichten: „Im nächsten Krieg gegen die Habsburger hatte er Bosnien mit 30.000 Mann in einem trefflichen Verteidigungszustand gesetzt. Als Kethüde in Ägypten (Misr) hat er schon einmal eine Empörung unterdrückt, die des Tscherkessen Mohamedbeg. Jetzt ist er zur Belohnung für seine jüngsten Verdienste in der Rebellenvertilgung zum Statthalter (Beglerbeg) vom Haleb (Aleppo) ernannt und mit der Würde eines Wesirs (Pascha mit drei Roßschweifen) ausgezeichnet worden."

Als der Großwesir versuchte, Kabakulak aus der Hauptstadt zu entfernen, weil er in ihm einen gefährlichen Nebenbuhler vermuten musste, hatte er nicht unrecht. Denn der immer einflussreicher werdende Kislar Aga verwandte sich beim Großherrn so sehr für Kabakulak, dass dieser am 13. Redscheb 1143 (22. Januar 1731 n.Chr.) tatsächlich vom Sultan zum Großwesir befördert wurde. Sein Vorgänger Silihdar Mehmed Pascha wurde eiligst zum Serasker (Feldherren) Bagdads abkommandiert.

Doch schon zwei Monate nach dem Wechsel im Großwesirat regte sich der Aufruhr von Neuem. Janitscharen überfielen ihren Aga (Kommandanten) in seinem Amtspalast (Pforte des Jnitscharenagas). Dieser wurde durch einen Flintenschuss am Arm verwundert und rettete sich mit Mühe. Abermals wurden Kessel und Zelte auf den Fleischplatz (Et Meidan) gebracht und aufrührerische Reden gegen die Großen und Reichen gehalten, mit dem Erfolg, dass sich Tausende zu einer neuen Revolution veranlasst sahen. Allein sie hatten neuerlich den energischen Kabakulak Ibrahim Pascha gegen sich: Die heilige Fahne wurde ausgestreckt und die Dschebedschi

(Waffenschmiede), Bataldschi (Holzhauer) des Serai sowie vor allem die Bostandschi (kaiserlichen Gartenwachen) wider die Aufrührer in Marsch gesetzt. Diese wurden geschlagen und bereits binnen drei Tagen 7.000 Revolutionäre niedergemacht und geköpft.

Nachdem die Hauptstadt wieder beruhigt worden war, wurden die wichtigsten Ämter verändert: Da sich der Kulkjaja Pehlewan Chalil wie der Segban Baschi in der Zügelung der Janitscharen nicht bewährt hatten, wurden sie abgesetzt und nach Brusa verwiesen. Ihre Stellen erhielten ein früherer Segbanbaschi, Hassan der Deutsche, und Abdulbaki Aga. Neuer Janitscharenaga wurde Schahin Mehmed Pascha, der Nischandschi Baschi (beglaubigender Staatssekretär für die Tugra/den Namenszug des Sultans) und Ahmed Beg, der Sohn Nuuman Köprilis, nahmen mit dem dritten Roßschweif als neue Wesire im Diwan Platz. Sein Onkel Abdallah wurde der Statthalterschaft Ägyptens entsetzt und dieses Wilajet dem Silihdar Mohammed Pascha verliehen.

Weil der Kapudanpascha Dschanüm gegen den Befehl der Hohen Pforte, wonach alle Kaffeehäuser als Tummelplatz der Unzufriedenen zu schließen seien, neuerdings im Arsenal selbst ein großes Kaffeehaus geöffnet hatte, indem sich Seesoldaten (Lewenden) und Maghrebiner (Nordwestafrikaner), woher er selbst stammte, gesammelt haben, wurde er abgesetzt. Zudem hatte er jüngst französische Schiffe belästigt und ohne Befehl seine Flotte auf eigene Faust ausgerüstet, als wäre er der Dai (Gouverneur) zu Algier und nicht der Großadmiral des Sultans. Der Mufti Mirsasade Efendi wurde abgesetzt und durch den treuen Paschmakdschisade (Schustersohen) Seid Abdullah als neuer Scheich des Islam ersetzt. Der Richter vom Istanbul Abdurrahman Efendi verlor seinen Platz, weil die Minister die Erhöhung der Preise für Lebensmittel seinem Geize zuschrieben. Seine Position erhielt der Imam des Sultans, der gelehrte Pirisade.

Indessen wütete der Großwesir Kabakulak gegen die Rebellen durch offene und heimliche Hinrichtungen. Binnen sechs Monaten soll er über 15.000 von ihnen aus dem Wege geräumt haben. Dennoch loderte aus dem mit Blut gelöschten Aschenhaufen noch einmal das Feuer des Aufruhrs. Am 29. Saffar 1144 d.H (2. September 1731 n.Chr.) wurden zwei Offiziere der Dschebedschi beim Bade des Marktes der Hanfverkäufer von einem Haufen zusammengerotteter Albanesen genötigt, sich zu ihnen zu gesellen, konten dieselben aber zerstreuen, weswegen sie mit Zulagen ihres Soldes belohnt

Die Vertilgung der Rebellen 117

wurden. Das Volk murrte, dass der Großwesir in den Hinrichtungen nur seine Privatrache befriedige und die Stadt durch die vielen unnötigen Runden auflärme.

Deshalb oder weil er zu eigenmächtig wurde, sprach die Walide Saliha Sultana zum Humajun:

„Der jetzige Großwesir Kabakulak Ibrahim Pascha handelt sehr selbstherrlich. Mein edler Sohn, ich darf Dich an das Schicksal Deines Onkels erinnern: Sultan Ahmed III. hat zu lange seinem letzten Großwesir und Schwiegersohn die Regierung überlassen. Ich empfehle Dir, Deinen ‚Vizesultan' öfers zu wechseln."

An diesen Ratschlag hielt sich Sultan Mahmud: „Ich habe auch schon daran gedacht. Zwar bin ich dem Grobohr für die Vertilgung der Rebellen dankbar, doch die Autorität des Padischah darf nie in ein Zwielicht geraten. Ich werde meine Großwesire öfters austauschen, sie ehrenfaft behandeln, im Gegensatz zu früheren Zeiten immer am Leben lassen und nur auf andere Posten versetzen."

Von diesem Gespräch erfuhr Hadschi Beschir Aga selbstverständlich, abgesehen davon, da er sich mit der Sultansmutter auch sonst gut verstand. Die Absicht des Humajun kam auch seinen eigenen Machtinteressen sehr entgegen. Wer nämlich das Enderum (Innere, den Harem) beherrscht, beeinflusst auch die äußeren Geschäfte. Weil Kabakulak sich gegen seinen Schöpfer, den Kislar Aga, auch allmählich undankbar erwiesen hatte, ließe er ihn am 9. Rebiul-ewwel 1144 (11. September 1731 n.Chr.) absetzen und entfernte ihn auf den zweitrangigen Posten eines Sanschakbeg der Insel Negroponte (Eubäa), mit demselben Schiff, das dieser zur Verbannung mehrerer Opfer seiner Verfolgung bestimmt hatte. Das Reichssiegel wurde Topal (dem hinkenden) Osman Pascha, gesandt und bis zu seinem Eintreffen der Janitscharenaga zum Kaimakam Pascha (stellvertreten Großwesir) bestellt. Osman der Hinkende aus der Morea (Peloppones) war als Knabe auf Empfehlung einiger Landsleute in den Garten des Serais gekommen und hatte es in seiner Jugend vom Nußwärter bis zum Gartenvogt gebracht. Unter dem bei Großwardein gefallenen Großwesir Ali Pascha hatte er zwei Roßschweife und jetzt nach der Thronumwälzung den dritten mit dem Auftrag erhalten, als Inquisitor des Aufruhrs Bosnien und Albanien zu durchreisen, um die Albanesen, die der Zunder des Aufruhrs gewesen waren, bis in die letzten Schlupfwinkel ihres Heimatlandes, wohin sie von Istanbul geflüchtet sind, zu verfolgen und zu vernichten. Hinter Selanik (Saloniki) ereichte ihn der Kammerherr Mustafa Beg und händigte ihm das Siegel mit dem kaiserlichen Namenszug aus. Er kehrte in die Hauptstadt zurück und wurde am Feld von Daudpascha vor den Stadtmauern von allen Würdenträgern und Generalen mit einem herrlichen Gastmahl empfangen und daraufhin nach altem Brauch an die Pforte begleitet, wo alle mit Ehrenpelzen und Kaftanen bekleidet und schließlich entlassen wurden. Nach der Revolution kehrte endlich Ordnung und allgemeine Ruhe ein.

Am Bosporus

Mittlerweile litt Mustafa Tschelebi etwas runter der Schließung der Kaffeehäuser, weil er dadurch von vielen Unterhaltungen und Verbindungen abgeschnitten wurde. Er hatte nämlich die Absicht, sich mit den 250 Piastern seiner Belohnung ein Sommerhaus zu bauen oder zu kaufen, um wenigstens in der guten Jahreszeit dem Getümmel der Großstadt zu entfliehen. Das Dach der Masdschid seines Wafks war erfolgreich hergerichtet worden, so dass er nun mehr Gelegenheit fand, sich um den Hauskauf zu widmen.

Dafür standen ihm zwei Möglichkeiten zur Verfügung: entweder die Grundmauern eines der zerstörten Köschke an den süßen Wassern oberhalb des Halitsch auszubauen, oder aber ein Jali (Uferhaus) am Bosporus (türkisch Bogaz) zu kaufen. Also ging er in den Tschaschi, den großen gewölbten Basar, denn hier kamen ja alle Nachricht zusammen. Natürlich wandte er sich wieder an seinen Bekannten Jakub, der immer über alles Bescheid wusste oder wenigstens so tat:

„Du bist stets am neuesten Stand der Dinge, deshalb frage ich Dich, wo ich mir am besten außerhalb der Stadtmauern ein Landhaus zulegen kann. Ich habe dazu an die süßen Wasser nach dem Hafen oder am Kanal des Bosporus gedacht."

Der vielseitige Jakub, der ein Geschäft witterte, gab dem Müteweli gerne den folgenden Rat: „Wenn Du an die Wiesen zwischen dem Hafenende und unterhalb des Waldes von Belgrad gedacht hast, kommst Du mit weniger Geld aus als an den Ufern des Bosporus. Er gibt seit der Revolution genügend verbrannte Köschke, die aber den Nachteil haben, in der heißen Jahreszeit sehr schwühl zu werden."

Der Müteweli war davon nicht begeistert: „Diese Gegend kommt daher unabhängig vom Preis für mich nicht infrage. Was hältst Du also von den Gestaden des Bogaz?"

Jakub kannte sich auch hier aus: „Wenn Du einen vollen Geldbeutel hast, bist Du gesundheitlich am Bospous besser aufgehoben. Nicht umsonst haben hier seine Majestät (Efendim) und die Großen des Reiches ihre vielen Sommerpaläste."

Mustafa Tschelebi blieb bescheiden: „An einen Palast kann und will ich nicht denken. Doch ein Köschk am Ufer an der Küste Rumeliens oder Anatoliens wäre für mich das Richtige."

Ähnliches hat sich auch Jakub schon gedacht: „Gerne bin ich Dir auch dafür behilflich. Ich werde mich bei meinen Freunden im Besestan erkundigen und kann Dir in einer Woche Bescheid geben. Wenn ich Dir ein solches Anwesen vermitteln kann, gebe ich mich als Deinem Freund mit 2 von 100 des Kaufpreises zufrieden."

Der Wakf-Verwalter wollte näheres wissen: „Wie begündest Du eine solche Provision?"

Der Basar-Händler erklärte sich: „Ich kenne mich in Handelsgeschäften zwar recht gut aus, doch sind mir nicht alle Angebote bekannt. Daher muss ich Erkundigungen einziehen, für die ich auch zahlen und Geschenke bereithalten muss."

Dies fand der Müteweli für anständig: „In Ordnung. Ich werde also in einer Woche wiederkommen und mich in der Zwischenzeit selbst ein wenig am Bosporus umsehen."

Für Mustafa Tschelebi standen nun zwei Wege für die Besichtigung zur Auswahl. Nämlich der an der rumelischen Küste des Bogaz und der an der anatolischen Seite. Am nächsten Tag mietete er ein Boot, in dem nicht nur sein Besitzer, sondern auch dessen Sohn mitfuhr, nützte für seine Bootsfahrt die Strömung und fuhr auf der Nordseite des Goldenen Horns an Galata vorbei. Rechts sah er das kaiserliche Serail und bog nach links in Richtung Norden zum einen Kanal bildenden Bogaz ein. Schon vom Meer aus erkannte er, dass in Fündükli vor nicht allzu langer Zeit ein Feuer die hier am Ufer gelegenen Landhäuser zerstört hatte. Hier wären die Preise wahrscheinlich günstiger, aber er wollte sich auch noch weiter nördlich umsehen. Daher legte er nicht hier an, sondern ließ sich weiter nach Beschiktasch (Wiegenstein) rudern, wo normalerweise die Kriegs- und Handelsschiffe auf Reede lagen, bevor sie in den Hafen einlaufen oder diesen verlassen. Links sah er den schönen Garten von Dolmabaghdsche (Kürbisgarten) vorüber ziehen und ging dann am Liman (Hafen) von Beschiktasch beim abgerundeten kuppelförmigen groben Stein (Kabatsch) an Land. Hier besichtigte er die Moschee Auni Efendi, welche ihn nicht sonderlich beeindruckte und an die Moschee seines eigenen Wafks erinnerte. Schon mehr war er angetan vom Grabmal Chairddins, genannt Barbarossa (des Rotbärigen), des großen türkischen Seehelden zur Zeit des prächtigen Sultans Suleyman Kanuni (des Gesetzgebers), welcher zum ersten Mal Wien belagerte. Malerisch erhebt sich das einfache, aber würdige Grabmal des großen Beherrschers der Meere. Dieser Kapudan Pascha war der Schrecken der christlichen Flotten und der von ihm abgeräumten Küsten.

Der Müteweili wusste, dass hier seit jeher der Lieblingsaufenthalt der Sultane in der schönen Jahreszeit lag. Den großen Palast ließ Sultan Mehmed IV., unter dem zum zweiten Mal Wien belagert wurde, vier Jahre davor im Jahre 1090 d.H. (1679 n.Chr.) errichten. Beim Aus- oder Einlaufen der Flotte wurde seitdem der kaiserliche Palast jeweils mit Kanonenschüssen begrüßt. Wie Mustafa Tschelebi in der Chronik Raschid Efendis gelesen hatte, kostete der Bau über 1.000 Beutel oder 500.000 Piaster. Von dieser Zeit an machte die Übersiedlung des Hofes vom Topkapu Serai nach dem Beschiktasch ein stehendes Kapitel in der Reichsgeschichtsschreibung aus. Murad IV., der Wiedererroberer Eriwans und Bagdads vor einem Jahrhundert, erbaute hier auch einen kleineren Palast für seine Schwester Kia Sultana, welcher dann später immer wieder für andere Schwestern der Sultane eingeräumt wurde. Kein Wunder, dass die größten Wesire auch ihre eigenen Uferpaläste in der kaiserlichen Umgebung erbauten, um in allerhöchster Nähe zu sein.

Der Ort dankt seine liebliche Lage zwischen zwei romantischen Tätern und der schönen Aussicht auf das Ufer und die hinter dem kaiserlichen Palast ansteigenden Höhen. Die Palastgärten waren zwar durch hohe Mauern nicht einzusehen und für Fuß wie Auge eines Fremden verschlossen, doch die aus diesen hochrangigen Zypressen ließ die Anmut hinter den Mauern erahnen. Ihr nacktes Gestein war grün überrankt und stand vom hellen Blau in reizvollen Kontrast. Auch Mustafa Tschelebi konnte nur an den Umfassungsmauern des Dolmabaghdsche Serais vorbei wandern und war seit dem Frühjahr von der Blütenpracht der Obstbäume entlang des Weges hingerissen. Wäre es nicht unverschämt, sich ebenfalls in der Nähe der Großen anzusiedeln, hätte er sich auch gut vorstellen können, hier seine Sommer mit seiner Familie in einem Köschk zuzubringen.

Um den Wind auszunützen, ließ der Müteweli ein Lateinersegel setzen, da die Strömung begann, sich gegen Stambul zu entfalten. Vorbei an Jeniköj (Neudorf) und der stillen Fischerbucht von Kalender hieß er den Bootsbesitzer und seinem Sohn in die schöne, ruhige und sichere Bucht von Therapia anlegen. Der französische, schwedische und neapolitianische Gesandte sowie eine einige reiche Griechen hatten hier ihren Sommersitz. Es liegt an der Mündung des angenehmen Tales der kühlen Quelle.

Nachdem das Segel gerefft war, wollte er sich zu einem Spaziergang aufbrechen, um nach Landhäusern Ausschau zu halten, die allenfalls gekauft werden könnte. Doch kam er nicht sehr weit und traf gleich einmal auf einen alten Bekannten, den Dragoman (Dolmetscher) des schwedischen Gesandten, den Armenier Tosunjan. Dieser kam erfreut auf Mustafa Tschelebi zu und konnte mit einer Neuigkeiten aufwarten:

„Stell Dir vor, der Comte de Bonneval, jetzt Ahmad, ist von der Hohen Pforte schwer enttäuscht. Durch den häufigen Wechsel im Großwesirat wurde mehr oder weniger auf sein Angebot vergessen."

Mustafa gab zu bedenken: „Sieht er nicht ein, dass die Ausrottung der Revolution Vorrang genießt?" Tosunjan meinte: „Das versteht er schon, doch der Krieg gegen Persien geht weiter. Hier könnten ja seine Rat- und Vorschläge von großem Nutzen sein. Mein schwedischer Gesandter befürchtet, dass Ahmad zu unserem gemeinsamen Gegner Russland Verbindung aufnehmen könnte. Sein Überlaufen zu den Moskowitern würde uns allen schaden."

Dies gestand ihm der Wakf-Verwalter durchaus zu: „Ich möchte mich vor Monaten nicht umsonst bemüht haben. Wenn es Dir recht ist, könnte ich mit meinen einflussreichen Kontaktpersonen sprechen und auf die Dringlichkeit der Verwendung Ahmads hinweisen."

Der armenische Dolmetscher war froh, dass sein Eingreifen erfolgversprechend verlaufen könnte:

„Tatsächlich wäre dies sehr wünschenswert. Lass uns in Verbindung bleiben und berichte mir bitte von seinen Bemühungen"

Mit dieser Zusage verabschiedete sich Mustafa von Tosunjan. Eigentlich wollte er noch nach Bujukdere weiterfahren, aber entschloss sich, dem wichtigen gemeinsamen Anliegen den Vorrang zu geben. Also sagte er seinen Bootsführern nach Istanbul zurückzukehren. Dazu segelten sie auf die andere Seite des Bosporus, um mit der dortigen Strömung bis zum Serai-Burnu und wieder in das Goldene Horn einzulaufen. Bujukdere und die anatolischen Seite des Kanals könnte er später besichtigen.

Zwei Freunde

Durch seine Verbindung mit der schwedischen Gesandtschaft lernte Bonneval alias Ahmad schon bald nach der Ankunft in Pera Ibrahim Müteferrika kennen. Durch ihre Herkunft aus fremden christlichen Ländern hatten sie eine gemeinsame Verbindung und sie besuchten sich gerne wechselseitig, wenn sie nicht zusammen einen Ausflug in eine Kaffeehaus unternahmen. So entspannte sich dort nahe der Aga Dschani in einer griechischen Taverne ein erstes Kennenlernen, wobei sie sich der französischen Sprache bedienten:

Ahmad aus Beyoglu: „Bevor ich zum Islam übertrat, war ich als braver Offizier des französischen Königs ein Anhänger des römisch-katholischen Glaubens. Dies bin ich auch in den kaiserlichen Diensten geblieben, bis ich ins osmanische Bosnien kam und schon dort offiziell zum Muslim wurde."

Ibrahim Müteferrika nahm darauf Bezug: „Ich war als Calvinist in Klausenburg geboren. Meine Familie waren Anhänger Emmerich Tökölys, des antihabsburgischen Fürsten vom Siebenbürgen. Nachdem sich die Türken nach Süden zurückziehen mussten, folgten wir ihnen und ich nahm den Islam an."

Der muslemisch gewordene Comte de Bonneval: „Offenbar sind wir beide durch die politischen Umstände zu Konvertiten geworden."

Der Müteferrika gestand: „Ich habe den Übertritt nicht zu bedauern. Neben einer abendländischen Bildung habe ich auch eine morgenländische erhalten. Ich konnte zum Hoffourier aufsteigen und begleitete als Mitglied der osmanischen Delegation die ungarischen Aufständischen gegen die Kaiserlichen. Dann wurde ich 1132 d.H. bzw. 1720 n.Chr. Verbindungsoffizier zu Franz Rakosci, der in der Nachfolge Tökölys ebenfalls die Unabhängigkeit Ungarns mit osmanische Hilfe anstrebte."

Bonneval: „Diese geschichtlichen Erkenntnisse sind mir bekannt, weil ich zu dieser Zeit noch auf der anderen Seite stand."

Ibrahim Müteferrika fuhr fort: „Ich suchte aber auch noch auf einem anderen Weg meiner neuen Heimat zu dienen. Seit 1138 d.H. (1726 n.Chr.) habe ich mich bemüht, den Buchdruck im Osmanischen Reich einzuführen. Ein Jahr später erhielt ich die offizielle Erlaubnis dafür, aber nur für weltliche und nicht für religiöse Werke. Ich konzentriere mich seitdem auf Wörterbücher von orientalischen zu europäischen Sprachen, aber auch türkische, arabische und persisch Wörterbücher. Dazu sind noch geschichtliche und geographische Werke unter Übersetzungen vorgesehen. Sogar einige Ulema sehen ein, dass man auf diese Weise billige und zahlreiche Bücher für die Bibliotheken oder das gebildete Publikum erzeugen kann."

Ahmad aus Beyoglu: „Ohne Zweifel sind historische und erkundliche Schriften für die Elite an der Hohen Pforte wie für die Provinzgouverneure von großem Wert. Wo sollen auch Gebildete sonst Politik lernen können als in der Geschichte. Die Politik von gestern ist heute Geschichte, und die heutige Politik wird zur Geschichte vom morgen."

Ibrahim pflichtete bei: „Genau deshalb versuche ich auf meinem Wege, der Führungsschicht des Reiches Politik nahe zu bringen und aus den gewohnten Bahnen herauszuführen."

Ahmad aus Beyoglu: „Richtig, noch jeder Staatsmann musste und kann nur aus der Geschichte lernen. Ein Teil davon ist die Kriegsgeschichte, wahrscheinlich sogar die wichtigste. Meine eigenen Kenntnisse, die als ehemaliger französischer und kaiserliche General nicht zu knapp sind, will ich der Hohen Pforte zur Verfügung stellen. Auch dafür könnte die von Ihnen nun eingeführte Buchdruckkunst sehr behilflich sein."

Der Müteferrika stimmte überein: „Völlig richtig, ich würde mich auch dafür gerne bereithalten. Die Voraussetzung dafür ist freilich, dass die Revolution der ignoranten Janitscharen ausgerottet wird. Nicht zuletzt dafür darf übersehen werden, dass eine Reihe von hochkonservativen Ulema gegen alles Front machen wird, was nach ungewohnten Neuerungen aussieht, vor allem wenn sie aus dem ungläubigen Ausland kommen."

Bonneval: „Wir müssen den richtigen Zeitpunkt abwarten und dann die gesamte Oberschicht für unser Reformprogramm gewinnen."

Ibrahim hatte bestimmt nichts dagegen: „Geduld und Hartnäckigkeit sind von Nöten. Dazu bedarf es unsererseits dringend, nicht als Ungläubige, sondern als wahrhaftig Gläubige zu erscheinen"

Der Comte ging darauf ein: „Ich selber habe damit keinerlei Probleme. Vielmehr gehe ich gerne zu den Andachten der benachbarten Mewlewi und unterhalte mich auch sonst intensiv mit ihnen. Wie steht es darin mit Ihnen?"

Der Müteferrika schilderte: „In Ungarn hatten wir schauerliche Erfahrungen mit der katholischen Gegenreformation gegen die evangelischen Reformation gemacht. Wir pflegten zu sagen: ‚Lieber Türk als Pfaff'. Es war mir daher ein Leichtes, nach unserem Wechsel ins Osmanische Reich von Calvinismus zum Islam überzutreten, zumal beide Religionen einen strengen Gottesbegriff kennen, vor allem was die Vorherbestimmung des Schicksals betrifft."

Der ehemalige Franzose wusste von Ähnlichem zu berichten: „Auch wir in Frankreich haben Vergleichbares durchgemacht. Die streng katholische Madame de Maintenon hat unseren König Ludwig XIV. veranlasst, das halbwegs tolerante Edikt von Nantes aufzuheben. Jener Teil der Hugenotten, die nicht zum Übertritt in den Katholizismus zu bewegen waren, mussten auswandern. Damit haben sie der französischen Wirtschaft schwer geschadet, aber die der ausländischen protestantioschen Staaten, welches sie aufnahmen, dauerhaft geholfen und weiter entwickelt."

Ibrahim konnte zusammenfassen: „Das zu sture Beharren auf einer dogmatischen Lehre schadet nur. Genau vor diesem Problem steht nun auch das Osmanische Reich. Ich sehe meine Aufgabe in der Weckung aus dem Schlaf des ewig Gestrigen."

Der ehemalige abendländische General vertiefte die Problematik: „Seit ich ins Osmanische Reich gekommen bin, habe ich die Erfahrung gemacht, dass es nicht einen Islam gibt, sondern viele Ausprägungen desselben. Bei uns herrscht der Sunnismus, in Persien wie teilweise in Indien der Schiismus. Vor allem im Oman am indischen Ozean, vereinzelt auch im Maghreb, der Ibadismus. Ich habe mich darum bemüht, all ihren geistigen Hintergrund zu verstehen."

Ibrahim Müteferrika zog einen Vergleich: „Als ehemaliger Calvinist ist es mir gestattet, auch auf die Gegensätze in der Reformationsbewegung einzugehen. Neben uns Ungarn gibt es in Siebenbürgen vor allem in den Städten und größeren Dörfern evangelische Deutsche, Sachsen genannt. In England existieren noch weitere puritanische Sekten, ich darf Sie nur an Oliver Cromwell erinnern. Die englischen Auswanderer nach dem neuen Kontinent Amerika spiegeln das ganze vielfältige Bild des Sektenwesens, wobei ich erinnern darf, dass viele von ihnen gar nicht so freiwillig den Atlantischen Ozean überquert haben. Die Regierungen waren oft froh, diese unruhigen und radikalen Gesellen loszuwerden."

Ahmad aus Beyoglu schilderte kurz sein eigenes Innenleben: „Persönlich habe ich die gesetzestreuen Fanatiker und juristischen Dogmatiker nie sonderlich geliebt. Sie drehen jeden Buchstaben ihrer heiligen Bücher hin und her, als ob sie dadurch den letzten Willen des Allmächtigen erkunden könnten. Würde es nicht reichen, zu erkennen, dass es über und unahänigig von uns Menschen noch Kräfte gibt, die wir nie wirklich begriffen haben, heute nicht erkennen und auch in Zukunft nie vollständig erforschen werden. Wir sind alle in einer kulturellen Umgebung aufgewachsen und erzogen worden, aus der wir uns heraus entwickeln. Sehen Sie sich nur unseren Freund Tosunjan an, der als Armenier mühelos Dolmetscher eines evangelischen Gesandten sein kann. Folglich bin ich kein Freund theologischer Juristerei, sondern neige in letzter Konsequenz als halber Sufi der Mystik zu. Deshalb stehe ich als Muslim auch der Bruderschaft der Mewlewis nahe."

Der Müteferrika differenzierte: „So wie wir im Osmanischen Reich vier Rechtsschule anerkennen, so zerfällt auch die Schiat Ali (Partei Alis, die Schiiten) in verschiedene Gruppen. Da Ali Ibn Abi Talib als Schwiegersohn und Vetter des Propheten Mohammed als einziger göttlich legitimiert wäre, stünde nur seinen Nachfahren das Kalifat und Imamat zu, während wir Sunniten meinen, der Würdigste soll die Nachfolge Mohammeds innehaben. Nach persischer Ansicht sind alleine die schiitischen Imame in der Nachfolge Alis dazu bestimmt, die islamische Weltgemeinschaft (Umma) zu leiten.

Doch schon bald haben sich verschiedene Strömungen und Rechtsschulen ausgebildet, die größte ist die er Zwölferschiiten, die nach dem fünften Imam Dschafar as-Sadik auch Dschafariten heißen. Dessen Sohn Ismail Ibn Dschafar wurde von seinem Vater als Nachfolger und sechster Imam designiert, starb aber vor ihm. Dschafar designierte nun einen weiteren Sohn, was aber nicht alle anerkannten. Die Spaltung ging weiter, so dass sich nach dem Fünfer und Siebener Schiiten allmählich noch Neuner Schiiten und schließlich die Mehrheit der Zwöfer Schiiten herausbildete. Ihr Imam solle entrückt im Verborgenen weiterleben und als Mahdi (Erlöser) in der Endzeit mit Isa Ibn Maryam (Jesus von Nazareth) wiederkehren, um das Werk Mohammeds zu vollenden.

Eine weitere schiitische Richtung sind die Zaiditen, die nach Zaid Ibn Ali benannt sind, einem Enkel des Prophetenenkels Husain, der bei Kufa gefallen ist. Sie erkennen die ersten drei Kalifen Abu Bakr, Omar und Othman als rechtmäßig an, weil es auch Ali tat, stehen damit uns Sunnien näher und leben vor allem im Jemen. Bei der Aufzählung dieser von uns so genannten Irrlehren sind die Aleviten nicht zu vergessen, sie leben unter uns im Reich und wurden früher auch als Kizilbasch (nach ihren Turbanen ‚Rotköpfe') bezeichnet. Sie streben nach Erleuchtung und Vervollkommnung vor allem durch Nächstenliebe, Bescheidenheit und Geduld, erkennen die für Sunniten maßgeblichen Gebote und Verbote nicht an oder ignorieren sie. Dafür akzeptieren sie aber die Glaubenslehre der Zwölfer Schiiten und die Reihe ihrer Imame."

Ahmad schwirrte der Kopf: „Ganz schön verzwickt. Da haben es die Osmanen schon leichter, die als rechtgläubig vier Rechtsschulen (Madhab) anerkennen, wobei die bevorzugte und im Reich herrschende die Hanafitische ist. Ich halte sie für literarisch, gebildet und tolerant. Die drei anderen werden aber nicht unterdrückt und die Hanafiten nur bevorzugt. Soweit ich es sehe, sind unter ihnen die Hanbaliten am radikalsten, dogmatischsten und puritanischsten. Nur Koran und Sunna gelten als alleinige Richtschnur. Die Malikiten sind mir zu sehr in Afrika konzentriert. An den Schafiiten gefällt mir ihre dialektischer Eklektizismus und ihre Analogieschlüsse, womit sie dem Hanafismus wohl recht nahe sind."

Ibrahim Müteferrika fasste zusammen: „Die sunnitischen Madhāhibs unterscheiden sich in einigen rituellen gottesdienstlichen Praktiken, aber auch in der Stellung der traditionellen Nachahmung (Taqlid) und der eigenständigen Urteilsbemühung (Idschtihad)."

Je länger sich so die beiden Konvertiten unterhielten, desto mehr kamen sie dahinter, dass sie eigentlich auf der selben Stufe stünden. Eine Freundschaft war die natürliche Folge und zur Grundlage für eine spätere Zusammenarbeit.

Am Weg nach Üsküdar

Beflügelt durch das Ersuchen des schwedischen Dolmetschers Tosunjan, den General Bonneval aufzusuchen, begab sich Mustafa Tschelebi gleich am nächsten Tag nach Beyoglu. Er hoffte dort den französischen Grafen im Chan (Hotel oder Karawanserai) der Aga Dschami anzutreffen.

Dort erklärte man ihm aber: „Dein von Dir gesuchter Ahmad ist vor zwei Tagen weggegangen und seitdem nicht mehr gekommen. Wohin er sich begeben hat, ist uns leider unbekannt."

So musste sich der Müteweli unverrichteter Dinge wieder auf dem Rückweg machen. Am Heimweg schaute er an der Tekke der Mewlewi und hoffte Bonneval alias Ahmad anzutreffen. Auf seine Frage erhielt er vom Scheich eine gleich abschlägige Antwort: „Vorgestern war Ahmad noch bei uns und unterhielt sich mit mir. Seitdem habe ich ihn aber nicht mehr gesehen, doch sagte er mir, in Jamboli einen Besuch machen zu wollen."

Mustafa hoffte daher, bei seinem früheren Agentenführer, dem Kammerherrn Näheres zu erfahren. Da der Kabidschi Baschi ja durch seine eigene Vermittlung den ehemaligen kaiserlichen General kennen gelernt hatte, schien es ihm möglich, über den kaiserlichen Kammerherrnan an den Gesuchten wieder heranzukommen. Also ließ sich der Müteweli von Galata gleich zum Jali Köschk hinüber rudern, um sich im Serail nach Mehmed Aga zur kundigen, welche ja dorten sein Dienstsitz gehabt hatte.

Am Mitteltor angelangt erfuhr er sogleich von diensttuenden Kapidschi: „Der von Dir gesuchte Bostandschi Baschi ist hier nicht mehr anzutreffen. Er ist nämlich zum Verwalter (Wekil) des kaiserlichen Palastes in Üsküdar befördert worden. Wahrscheinlich wirst Du ihn an diesem Platz anzutreffen."

So verlor Mustafa Tschelebi einen ganzen Tag auf der Suche nach Ahmad aus Beyoglu und entschloss sich, gleich morgen an die anatolische Küste zu fahren.

Hier wollte er anderseits die Suche nach einem Landhaus auf der anderen Seite des Bosborus wieder aufnehmen und bei dieser Gelegenheit Mehmed Aga im Serail von Üsküdar besuchen. Nachdem er sich von einem benachbarten Barbier den Kopf scheeren ließ, ging er wieder zum Hafen hinunter, um ein Boot zu heuern. Dieses fuhr den bekannten Weg an Galata vorbei und dann links hinauf mit der Strömung bis Besiktasch. Mit dem Blick auf die gewaltige Festung Rumeli hissari wechselte er wie beim ersten Besuch hier die Uferseite.

Genau gegenüber erhebt sich an der engsten Stelle des Bosporus die kleinere Festung Anatoli Hissari. Beide Schutzwehren hat Mehmed II. noch vor der Eroberung von Konstantinopel erbaut. Sie dienten der Sperre der Meerenge, wofür schon öfters mit einer eisernen Kette zwischen ihnen gespannt wurde. Lange Zeit war es wie das Schloss der sieben Türme ein Staatsgefängnis. Südlich von Anatoli Hissari mündet das Flüsschen Gökssu (himmliche Wasser) ins Meer, welches ein wahrhaft schönes Tal durchströmt. Es rückt unter Windungen die Hügel auseinander und wird von Zypressen und Platanen umrahmt. Mustafa Tschelebi ließ hier anlegen, wird doch dieses Tal in der Poesie zu den schönsten Plätzen des Orients gezählt, ähnlich der herrlichen Flur von Damaskus, den schönen Auen bei Bassra und den Ebenen und Tälern Persiens. Schon für mehrere persische Gesandtschaften diente diese Gegend, prachtvolle Empfänge abzuhalten. So fand es der Müteweli verständlich, dass mehrere Köschke und Lusthäuser in dieser prachtvolle Gegend errichtet worden waren. Für sich selbst war er so angeregt, dass er schon ernstlich daran dachte, seinen eigenen Sommersitz hierher zu verlegen. Als einziger Nachteil empfand er die doch nicht unbeträchtlichen Entfernung zur Hauptstadt selbst, in der ja sein Wakf lag.

Weiter südlich schließt sich am Vorgebirge das oben und unten liegende Ort Kandilli (der Laternenhaften) an, berühmt durch die Schönheit der Lage und seiner frischen Luft. Die Gebäude auf der Höhe von Kandilli gewähren die beste Aussicht auf die oberen Mündung des Bosporus zum schwarzen Meer und auf die untere Mündung zum lichten Marmarameer. Wie das Tal der himmlischen Wasser als das schönste des Bosporus angesehen wurde, so erfreute sich die Aussicht und die Reinheit der Luft einer solchen Beliebtheit, dass hier ein Sommerpalast für den Sultan errichtet worden war, den der gegen Persien siegreiche Sultan Murad IV. bevorzugt besuchte. Durch die langen und verlustreichen Kriege gegen den römisch-deutschen Kaisers wurde er später allerdings stark vernachlässigt und erst nach dem Frieden von Passarowitz durch den Großwesir Damad Ibrahim Pascha in neuem Glanze wiederhergestellt. Man wollte ja fremden Besuchern und Diplomaten keine Spuren des Verfalls und Ruins der Kriegsjahre liefern. Auch hier machte Mustafa Tschelebi Pause, um Land und Meer, Asien und Europa, zwei Erdteile und zwei Meere vor seine Augen treten zu lassen. War er doch bei aller Aufgeklärtheit und Weltoffenheit auch der Schönheit nicht abhold.

Seine Weiterfahrt führte an Kulle baghdschessi (Turmgarten) und Tschengelli köi (Hakendorf) vorbei über den Sommersitz der Sultana Walide Schew kabad (Sehnsuchtsbau) vor Beglerbeg und noch zwei weitere Dörfer bis zum Ende des Bosporus (der Rinderfurt) am Vorgebige bei Kusghundschik. Hier öffnet sich das Marmarameer, welches auf der anderen europäischen Seite vom Topkapi Serai begrenzt wird. An diesem Vorort Istanbuls lag das Ziel der eigentlichen Mission des Müteweli, Üsküdar (persisch Postbote), der von den Europäern zu Skutari verstümmelt wurde. Von hier aus gingen die Befehle der Hohen Pforte wie alle Karawann nach Osten und gelangten die Berichte wie auch die Karawanen aus Asien in die Hauptstadt.

Üsküdar hat keine Stadtmauer und zeichnet sich durch die Anzahl der prachtvollen Moscheen der Sultanas und den großen Friedhof aus, welcher sich als im Kontinent des Propheten und der heiligen Stadt Mekka liegend besonderer Beliebtheit erfreut. Sie war also eine offene Vorstadt und der Sitz eines der vier Mollahs, welche die Gerichtsbarkeit der Hauptstadt besorgten. Die anderen waren die Mollas von Stambul, Ejub und Galata. Die Obergerichtsbarkeit des Mollas von Üsküdar erstreckt sich auf die ganze anatolische Seite am Bosporus, sowie die des Molla von Galata auf die rumelische. Der Muteweli landete im Norden am Ajasma Iskelessi und ließ es sich trotz seiner Absicht, den Wekil des großen Sultanspalastes zu besuchen, nicht nehmen, an der Ufermoschee Schemssi Paschas vorbei zu gehen und den großen Landeplatz (Bujuk Iskele) zu besichtigen, von wo aus die hauptsächliche Überfahrt zum goldenen Horn und nach Besiktasch der Truppen und Karawanen abging. Um zu seinem eigentlichen Bestimmungsort zu gelangen, wandte er sich von hier aus nach Süden zum sultanischen Kawak (Schloß).

Am Haupttor sagte er dem Kapidschi: „Ich heiße Mustafa Tschelebi und muß den Wekil Mehmed Aga sprechen."

Diese schickten sogleich einen Boten zu ihrem Kommandanten, dem natürlich der Name des Müteweili gleich im Begriff war. Also befahl der Verwalter des Palastes von Uüküdar: „Schickt mi den Tschelebi und begleitete ihn in meine Dienststelle!"

So gelangte der Wakf-Verwalter ohne Aufenthalt zu seinem früheren Agentenführer, den er geziemend begrüßte:

„As Salam alaikum! Ich gratulieren Dir herzlich zu einer Beförderung zum Wekil unseres Padischah."

Mehmed Aga wusste, dass seinen Besucher ein wichtiger Grund zu ihm führte. Freundlich erwiderte er:

„Waʿalaikumu s-Salām. Ich freue mich, Dich wiederzusehen, haben wir doch gemeinsam etwas an der Niederschlagung der Revolte mitgewirkt. Darf ich Dir einen Kahwe anbieten?"

„Mit Vergnügen, denn ich habe von Stambul einen immerhin nicht kurzen Weg zu Dir zurückgelegt", antwortete Mustafa, der Wakf-Verwalter. „Ich muss Dir nämlich etwas mitteilen, was Dich und unseren Efendim bestimmte interessieren wird."

„Ich bin gespannt." Sogleich kam der Kahwe, und der Wekil forderte nun den Tschelebi auf: „Was führt Dich zu mir?"

„Wie Du weißt, habe ich über den schwedischen Dragoman aus Armenien den ehemaligen kaiserlichen General Bonneval, jetzt Ahmad genannt, kennen gelernt. Der Sinn war ja, dass er sich uns Osmanen als Waffengefährte zur Verfügung stellen wollte. Dies ist ihm offensichtlich auch zugesagt worden, doch dürfte im Zuge der Revolution und ihrer Niederschlagung der Gedanke an seine Verwendung in den Hintergrund getreten sein. Nun traf ich in Therapia zufällig den Dragoman Tosunjan, der mir erzählte, dass Ahmad aus Beyoglu schon ungehalten sei, weil auf sein Anerbieten noch niemand wirklich eingegangen sei. Ich wollte ihn in Beyoglu besuchen, aber da war er bereits seit zwei Tagen zu einem Besuch nach Jamboli abgereist."

Mehmed Aga erkannte sofort die kritische Situation: „Nun, was will Ahmad schon in Jamboli, sicher kein Rosenöl einkaufen oder Rosensträuche besichtigen. In dieser Gegend haben die Tatarenchane ihre Landsitze außerhalb der Krim. Es wäre fatal, würde der kaiserliche General bei ihnen in den Dienst treten. Sie sind zwar unsere Vasallen, aber Ahmad würde an der Hohen Pforte entschieden Besseres leisten. Ich werde daher Boten aussenden und veranlassen, ihn unverzüglich zu besuchen, um ihn zu ersuchen, zurück nach Stambul zu kommen. Unsere gegen die Perser jetzt erfolgreichen Haustruppen des Padischah werden bald von ihrem Feldzügen an den kaiserlichen Herd zurückkehren, um die Winterquartiere zu beziehen. Der erhabenen Sultan hat beschlossen, sie in höchsteigener Person zu empfangen. Bei dieser Gelegenheit werde ich darauf drängen, Bonneval geeignete Verwendungsmöglichkeiten anzubieten zu lassen."

Mustafa Tschelebi wusste, beim Wekil an die richtige Persönlichkeit gekommen zu sein: „Ahmad aus Beyoglu wird sich eine solche Chance bestimmt nicht entgehen lassen, auch wenn er schon lange darauf gewartet hat. Der Hohen Pforte wiederum wäre er eine große Stütze für die Verbesserung unserer Kampfkraft."

Der Wekil von Üsküdar war sich sicher: „Efendim legt einen großen Wert auf solche Neuerungen. Auch wenn er dabei mit Widerständen der Ulema und der an ihren überkommenen Gebräuchen festhaltenden Truppenteile rechnen muss, wird er Inschallah (mit Gottes Hilfe) schon die richtigen Wege für eine Erneuerung beim Heer und auch allgemein finden."

„Maschallah (so Gott will)", hoffte Mustafa Tschelebi. „Es hängt viel für das Reich von diesem Gelingen ab."

In vollem Einvernehmen verabschiedeten sich nun die beiden, und der Müteweli besichtigte noch den großen Friedhof und ging dann zu seinem Boot zurück, um zum Halitsch zurückzufahren.

Erste Reformen

Noch bevor die kaiserlichen Haustruppen zurück waren, kam es zum erwähnten Sturz des grobohrigen Großwesirs Kabakulak Ibraham Pascha. An seine Stelle trat der hinkende Topal Osman Pascha, welcher die witterungsbedingte Feldzugspause nützen wollte, um in Ruhe das nächste Kriegsjahr vorzubereiten. Gerne nahm er die Erinnerung an den französischen General Bonneval zur Kenntnis, zumal er aus seinen eigenen Lebenserinnerungen ein Freund der Franzosen war. Schon sein Vater Bekir Aga diente als osmanischer Beamter, er selbst wurde bereits mit jungen 24 Jahren vom Sultan zu einer Mission nach Misr (Ägypten) entsandt. Am Weg dorthin wurde sein Schiff von spanischen Freibeutern gekapert, wobei er im Kampf am Fuß verwundert wurde, weswegen er den Beinamen „Hinkebein" erhielt. Er wurde nach Malta verschleppt und gegen die Zahlung eines Lösegeldes von 600 Dukaten, welches ihm des französische Hafenhauptmann Vincent Arnaud vorstreckte, wieder nach Ägypen freigelassen. Mit 1000 Dukaten, reichem Pelzwerrk und einem Geschenk von 500 Talern bedankte sich Osman bei Arnaud.

In weiterer Folge nahm er an den Kriegen gegen die Russen, Venezianer und römisch-deutschen Kaiserlichen teil, wofür er schließlich mit drei Roßschweifen vom Sultan Ahmed III. ausgezeichnet wurde. Sein Sohn Ahmed Ratib Pascha heiratete Aische Sultana, eine Tochter von Sultan Ahmed III, womit er zu den entfernten Verwandten des großherrlichen Hauses wurde. Mehrmals wurde er abwechselnd Beglerbeg von Bosnien und Rumelien. In dieser Funktion vernichtete er die letzten Anhänger Patrona Chalils am westlichen Balkan. Nach seiner Amtsübernahme lud er Arnaud und dessen Sohn in den Diwan ein, wo er seinen Befreier öffentlich in höchsten Tönen lobte:

„Ich war selbst ein Sklave, mit Wunden bedeckt, triefend von Blut. Dies ist der Mann, der mich erlöst, geheilt, gerettet hat. Ihm danke ich Leben, Freiheit, Glück und was ich genieße. Ohne mich zu kennen, zahlte er für mich ein großes Lösegeld, entließ mich auf mein bloßes Wort, gab mir ein Schiff, um mich wohin ich wollte zu bringen. Auch ein Muslim sollte solcher Großmut fähig sein. Allah kerim (Gott ist gnädig)".

Auch noch später empfing er beide mehrmals zu verstraulichen Gesprächen, sandte sie reich beschenkt zurück und blieb in allen Lagen seines Lebens für Wohltaten gleich dankbar.

Inzwischen vernichteten die Osmanen unter dem Serasker (Feldherren) Ali Pascha Hekimsade (Doktorsohn) am 13. Rebiul-ewell 1144 d.H. (16. September 1731 n.Chr.) das Heer des persischen Schah bei Koridschan in der Nähe von Hamadan. Von 20.000 persischen Reitern sollen keine zwei entkommen und von den 10.000 Fußsoldaten drei Viertel zusammen gehauen worden sein. Schah Tamsap II. floh nach Teheran und entsandte den Kurschibaschi Mohamed Risakhan, um Friedensverhandlungen zu beginnen. Der Serasker nahm die Sendung an und begann Verhandlungen mit Genehmigung der Hohen Pforte unter der Voraussetzung, dass die Sicherung der Grenzen nicht gefährdet und dem osmanischen Heer kein Vorteil aus der Hand geschlagen würde.

Selbstverständlich wusste der neue Großwesir von Ibrahim Müteferrika, welcher die Buchdruckkunst ins Osmanische Reich eingeführt hat, den Aufenthalt des Generals Bonneval vulgo Ahmad im Vorwort Beyoglu. Durch den Wekil des Üsküdarischen Sultanspalastes erfuhr er von dessen prekären Situation, so dass es keiner großen Überredung Mehmed Agas bedurfte, nun den ehemaligen französischen Grafen in osmanische Dienste zu übernehmen.

„Topal Osman Pascha hat nun die Gelegenheit, den großen Wurf der Erneuerungsüberlegungen Ahmads umzusetzen," erklärte Mehmed Aga beim nächsten Besuch in Üsküdar Müteferikka Ibrahim. „Die revolutionären Bewegungen sind nach einem Jahr niedergeschlagen und das Heer steht an der Grenze und kann also in Stambul nicht mehr gefährlich werden."

Sogleich begann Bonneval Denkschriften an die Pforte zu richten, wie das türkische Heer nach westeuropäischen Vorbildern umgestaltet werden könnte. Mit Hilfe Ibrahim Müteferrikas brachte er seine Vorschläge in die hochosmanische Kanzleisprache, so dass er hoffen konnte, nicht nur beim Großwesir auf offene Ohren zustoßen. Dazu erklärte der Mütefferika dem Wekil:

„Ahmad fängt bei der Artillerie und der Infanterie an. Seiner Ansicht nach ist die Kavallerie ohnehin auf gutem Stand",

Urmia und Tebris wurden zwischenzeitlich genommen. Ibrahim Müteferikka erläuterte dies Ahmad bei ihren vielen Gesprächen in Beyoglu: „Das osmanische Selbstbewusstsein ist nicht mehr weiter getrübt. Es steht jetzt nicht zu befürchten, bei der nächsten Gelegenheit wieder Gebiete an die Ketzer im Osten und die Ungläubigen im Westen verlieren zu müssen."

Die Notwendigkeit zum Heeresreformen hat nicht zuletzt einen weiteren Grund. Ibrahim:

„Das Verhältnis zu Russland wird aufgrund der Reibereien mit den Tataren schlechter, und die Gefahr eines Mehrfrontenkrieges ist nicht von der Hand zu weisen."

Ahmad stimmte zu: „Das Bündnis der Moskowiter mit den Habsburgern ist sicher auch an der Hohen Pforte bekannt. Jetzt schien die Gelegenheit günstig, aus einer Position der Stärke gründliche Schritte zu unternehmen. Auch ein Großteil der gebildeten ‚Herrn der Feder' erkennt die Möglichkeiten, die sich aus dem sich abzeichnenden Frieden mit Persien ergeben würden."

Allerdings sträubte sich Sultan Mahmud, den Persern allzu große Zugeständnisse zu machen. Dementsprechend konnte Mehmed Aga, um dies Ahmad weiter zu berichten, dem Müteferikka Ibrahim mitteilen:

„Der erhabene Großherr ist zwar durchaus für Reformen, aber nicht zugunsten der besiegter Feinde, mit denen noch kein Friede geschlossen wurde. Denn die Perser streuben sich, alle Verluste an uns einfach hinzunehmen."

In Wohlwollen wurde Ahmad die Gründung einer eigenen Truppe von Bombardieren (Chumbaradschi, Belagerungsartillerie) gestattet und er selbst zum Pascha mit zwei Roßschweifen ernannt. Bei den Fußtruppen wurden Bajonette eingeführt, was sogar von den Janitscharen ohne besonderes Murren hingenommen wurde. Die Efendis zeigen sich gleichfalls durchaus verständnisvoll, sodaß Ahmad Pascha vulgo Comte de Bonneval oben angelangt war und weiterhin gute Dienste leisten konnte..

Nach einer zerstörerischen Revolution konnte binnen eines Jahres ein Umschwung zur Stabilisierung und Wiederherstellung des Reiches erzielt werden. Zu verdanken war dies, weil die alte zivilisierte Führungsschicht aus der Zeit Ahmeds III. nicht die Nerven verloren hat.

Nachwehen

Um nicht in die Abhängigkeit seiner Goßwesire zu geraten, wurde es zur Regierungspraxis Sultan Mahmuds I. und seines hinter den Mauern des Harems mitregierenden Kislar Agas Hadschi Beschir Aga, das Amt des „Vizesultans" häufig zu wechseln. Auch seine eigene Mutter, die Walide Sultana, bestärkte ihn darin. Die operativen Regierungsgeschäfte überließ er gerne dem jeweiligen Großwesir, während er selbst sich mit der Errichtung neuer und den Wiederaufbau alter Paläste, der Gründung von Bibliotheken, literarischen Studien und dem Bau einer großen Moschee beim Besestan beschäftigte.

Von der früheren barbarischen Regierungsweise kam man in Stambul ab und ging zu einer humaneren über. Die gebildeten Efendis spielten eine immer größere Rolle, abgesetzte Großwesire wurden nicht mehr hingerichtet, sondern als Walis mit Aufgaben in den Provinzen (Wilajets) betraut. Wie schon zwei Vorgänger wurde auch Topal Osman Pascha nach einem halben Jahr seines Postens enthoben. Anlaß war die Friedenspolitik mit Zugeständnissen an Persien, die der Sultan und hinter ihm Beschir Aga nicht gut hießen. Ersetzt wurde er durch den Eroberer von Tebris Ali Pascha Hekimsade, der auch später noch zweimal Großwesir werden sollte.

Der hinkende Osman Pascha wurde in die Provinz versetzt und schon bald darauf zum Feldherrn gegen den neu auflebenden Perserkrieg ernannt. Hier entsetzte er das von den Persern belagerte Bagdad und schlug in offener Feldschlacht den größten Feldherren Persiens, Tamsap Kulikhan, den späteren Schah von Persien Nadir Schah. Im Jahr darauf verlor er gegen ihn in einer weiteren Schlacht und sein Leben, und so ging es im östlichen Krieg hin und her. Als die Osmanen die Krimtataren zu Hilfe riefen, marschierte der Kalga Fethgirai bis über Derbent hinaus, mischte sich die Zarin Anna ein, wodurch die Hohe Pforte genötigt wurde, nicht nur die Krimtataren zurückzurufen, sondern noch unter Verlust ihrer von Ahmed III. gemachten Eroberungen mit dem neuen Schah Frieden am Stand status qua ante zu schließen.

Die große Bewährungsprobe für das Reich Mahmuds kam nun im Krieg gegen Russland, dem sich auch Kaiser Karl VI. in der Hoffnung auf eine weitere Ausdehnung an Balkan anschloss. Sofort an den verlustreichen und soeben beendeten Perserkrieg schloss sich ein Zweifrontenkrieg in Norden und Westen des Osmanischen Reiches an. Anfangs waren die beiden christlichen Staaten noch erfolgreich, doch ein nachhaltiges Weiterkommen an ihre Grenzen kam ins Stocken. Die Russen verheerten zwar die Krim, kamen aber auch nicht an die Donau. Die Kaiserlichen wurden zurückgeschlagen und mussten schließlich sogar auf Belgrad und die kleine Wallachei verzichten. Dadurch wurden die Russen gleichfalls zum Friedensschluss genötigt. Das Ansehen der Türkei war dadurch in Europa enorm gewachsen. Nach der Besetzung und Plünderung Delhis, der Hauptstadt der Mogulen, durch den glänzenden Feldherrn Nadir Schah flammte in Asien noch einmal der Krieg mit Persien auf und konnte dank hervorragender Diplomatie mit der Bestätigung der zuvor festgelegten Grenzen beendet werden.

Mit der Beförderung erfolgreicher Soldaten und gebildeter Efendis wurde nicht gespart. Nicht nur für Schweden, sondern auch für Frankreich, Polen und später Preußen rückte das Osmanische Reich in die Überlegungen möglicher Bündnispartner. Die Politik Sultan Mahmuds wurde von seinen Nachfolgern mehr oder weniger fortgesetzt. Unsichere Truppen wurden an die Grenzen geschickt, um im Zentrum Ruhe zu haben und die Reformen Schritt für Schritt fortsetzen zu können. Der Müteweli Mustafa Tschelebi blieb ein angesehener Mann und entschloss sich, für die heißen Sommer ein Jali im halbabgebrannen Findeliki zu errichten. Sein Sohn Omer wurde später einer der führenden Ulema, und seine Tochter Farudscha heiratete einen Beg, der es noch bis zum Pascha brachte. Der Chodschatolislam Mirza Aryan wurde durch Nadir Schah zwar als Statthalter von Fars abgesetzt, behielt aber seinen Kopf und kam nach dem zweiten persischen Frieden noch einmal im Zuge einer Gesandtschaft nach Stambul. Der Imam Evren aus Jedikule erhielt später die Leitung einer eigenen Mesdschid. Der Reichsgeschichtsschreiber Sami Efendi war nur mehr kurz im Amt und wurde durch den begabten Subhi Efendi abgelöst. Chumbaradschi Osman Pascha Bonneval und Ibrahim Müteferrika, der Buchdrucker, starben hochgeehrt noch in der Regierungszeit des Padischah Mahmud I. Auch der Kislar Aga Hadschi Beschir Aga blieb noch jahrelang bis zu seinem Tode mit 91 Jahren als Darüs Saade Aga (Herr des Tores der Glückseligkeit) die graue Eminenz hinter dem Thron. Der bewährte Abteilungsleiter im Finanzministerium Murad Efendi gelangte ebenfalls weiter hinauf in der Hierarche der Chodschagan bis zur Stelle des Schikissalis, des dritten Defterdars. Der Wekil Mehmed Aga hatte das Vergnügen, aus Üsküdar in die recht selbständige Position des Gouverneurs des Serais (Sultanpalastes) von Edirne aufzusteigen.

Alles schien gut zu laufen, die drei Mahmud I. folgenden Sultane blieben sicher im Amt, doch dauerte es nur ein halbes Jahrhundert. Denn unter seinem vierten Nachfolger gewannen die reaktionären Kreise und die reformunwilligen Janitscharen wieder die Oberhand, um das Aufbauwerk von Jahrzehnten zu zerstören. Erst sein sechster Nachfolger überwand die Janitscharen, doch war das Osmanische Reich schon zum „kranken Mann am Bosporus" geworden. Selbständigkeitsbestrebungen griffen nicht nur bei den christlichen Völkern am Balkan, sondern auch unter den Muslimen Platz. Doch das ist eine andere Geschichte. Die Feststellung von Alexis de Toqueville, wonach ein verrottes Regime dann am Gefährdetsten ist, wenn es sich selbst ernsthaft reformieren will, galt nicht nur für das königliche Frankreich, sondern auch im Morgenland.

Literatur

Josef von HAMMER: Constantinopolis und der Bosporos, örtlich und geschichtlich beschrieben. 2 Bände, Hartleben's Verlag, Pesth 1822.

Derselbe: Der Tausend und einen Nacht noch nicht übersezte Mährchen, Erzählungen und Anekdoten. Zum erstenmal aus dem Arabischen in's Französische übersezt von Joseph von Hammer und aus dem Französischen in's Deutsche von Aug.E. Zinserling. 3 Bände, J.G. Cotta'sche Buchhandlung, Stuttgart und Tübingen 1823–1824.

Derselbe: Geschichte des osmanischen Reiches. Grossentheils aus bisher unbenützten Handschriften und Archiven. Band 7: Vom Carlowiczer bis zum Belgrader Frieden. 1699–1739. Mit einer Karte. C.A. Hartleben's Verlag, Pesth 1831.

(Josef Freiherr von) HAMMER-PURGSTALL: Geschichte der Chane der Krim unter osmanischer Herrschaft. Aus türkischen Quellen zusammengestellt mit der Zugabe eines Gasels Schahingerai's. Als Anhang zur Geschichte des osmanischen Reichs. K.k. Hof- und Staatsdruckerei, Wien 1856.

Nikolae (Nikolaus) JORGA: Geschichte des Osmanischen Reiches. Nach den Quellen dargestellt, Friedrich Andreas Perthes, Gotha 1908–1913 (5 Bände). 4. Band, neu aufgelegt in der Wissenschaftlichen Buchgesellschaft, Darmstadt 1997.

Alexis de Tocqueville: Der alte Staat und der Revolution. Zuerst 1856 „L'Ancien Régime et la Révolution". Mit einem Nachwort und Anmerkungen herausgegeben von Jacob P. MAYER. Deutscher Taschenbuch Verlag, München 1978.

Johann Wilhelm ZINKEISEN: Geschichte des osmanischen Reichs in Europa. 7 Bände, 5. Band (1853). Verlegt bei Friedrich August Perthes, Gotha und Hamburg 1863.

Sachregister

Die unterschiedlichen Schreibweisen rühren aus der späteren latinisierten Umschrift der türkischen Sprache ohne einheitliche Definitionen.

Adschem Oglan: Janitscharenschüler.
Aga oder Agha: Herr, Mehrzahl Agalar, militärischer und höfischer Titel, dem Namen nachgetragen.
Alai Köschk: Aussichtsloge der Sultans gegenüber der Hohen Pforte.
Allah: aus „al Lah" = der Gott, alleiniger Gott der Muslime.
Arz Oda: Audienzsaal im dritten Hof des Serai.
Atmeidan: Pferdeplatz, das antike Hippodrom, zwischen Aja Sofia und Blauer Moschee.
Bab i Humajun: Kaisertor zum ersten Hof des Serais.
Bab i Saadet: Tor der Glückseligkeit zum dritten Seraihof.
Bataldschi: Holzhauer des Serai.
Beg oder Bey: Herr oder Fürst.
Beglerbeg: Fürst der Fürsten, immer ein Pascha mit drei Roßschweifen.
Bogaz: der Bosporus.
Belutschistan: Landschaften im Süden von Persien und dem heutigen Pakistan.
Besestan oder Tschaschi: der gewölbe Basar in Stambul.
Bostantschi: Gartenwache des Serai.
Bostantschi Baschi: Befehlshaber der kaiserlichen Gartenwache.
Chan: Hotel oder Krawanserai.
Chassekiaga: der zweite Offizier der Gartenwache.
Chasinedar Aga: Schatzmeister des Harems, schwarzer Eunuch.
Chassin i Humajun: kaiserlicher Privatschatz.
Chatib: auch Khatib, Verrichter des Chutbe, des öffentlichen Gebetes am Freitag für den Großherren.
Chodschagan: oberste Finanzbeamte.
Chorasan oder Khorasan: Landschaft und Provinz im Nordosten Persiens.
Dragoman: Dolmetscher.
Chumbaradschi: Bombardier, Bombenwerfer, Soldat an einem Mörser.

Chumbaradschi Baschi: Kommandeur der Bombardiere oder Mörsertruppe, unter Bonneval/Osman Pascha zuletzt 4.000 Mann stark..
Damad: Schwiegersohn des Stultans.
Defterdar oder Defter Baschi: Finanzminister.
Diwan: osmanische Regierung, Reichsrat, auch Regierungssitz oder Ministerrat.
Diwan Yolu: Hauptstraße Stambuls.
Dschami: Freitagsmoschee, mit angeschlossener Medrese.
Dschebedschi: Waffenschmiede, die technischen Truppen.
Efendi: höchster osmanischer Ziviltitel, dem Namen nachgetragen.
Efendim: Majestät.
Emire: Prophetenabkömmlinge, die Seids und Scherife, aber auch Stammeshäuptlinge.
Erkian Kürk: Halbgala, dazu wurde ein Selimi (Hofturban) getragen.
Ekmeidan: Pfeilplatz, Exerzier- und Sportplatz oberhalb von Beyoglu.
Etmeidan: Fleischmarkt vor den Toren der Janitscharenkasernen.
Euile namazy: Mittasgebet, arabisch Salat Zuhhur.
Farsi: persische Sprache, von Farsistan = Persien.
Fetwa: Rechtsgutachten der Mufti, Auslegung des Korans und der Hadithen.
Giaur: Ungläubiger christlicher oder jüdischen Glaubens.
Großwesir: Wasir-e Azam bzw. Sadr Azam, Oberster Sitz, Regierungschef des Osmanischen Reiches, führt fünf Roßschweife und erhält das Siegel des Sultans.
Hadithen: sunnitischen Überlieferungen, vorbildlichen Überlieferungen der Reden und Taten Mohammeds, ergäzen der Koran.
Hadschi: Titel eines Mekkapilgers.
Hafis: wer den Koran auswendig gelernt hat.
Halitsch: Goldenes Horn, zwischen Altstambul und Galata eingeschnittene Hafenbucht.
Harem: das Verborgene, die Frauenabteilung eines hauses oder Palastes, von arabisch haram (unantastbar, verboten, heilig).
Hatun: Ehrenbezeichnung für eine Frau, Dame.
Hekim Baschi: der Oberarzt des Sultans, ein Molla.
Hodschatolislam: zweithöchsten theologischer Rang in Persien.
Hohe Pforte: auch nur Pforte genannt, Amtssitz und Palast des Großwesirs.

Humajun: Kaiser, auch ein Sultanstitel.
Hunkiar: Selbstherrscher, eine weitere Bezeichnung für den Sultan.
Imam: Vorsteher der Gebete.
Islam: Hingabe in den Willen Gottes.
Irak Arabi: das arabische Zwischenstromland zwischen Euphrat und Tigris, heute Irak.
Istambol Mukataasi Kalemi: Büro der Pachtungen Istambuls.
Istanbul Aga: Stadtkommandant der Hauptstadt.
Istanbul Efendi: Stadtrichter der Hauptstadt, einer der großen Mollas.
Jali Köschk: Uferpalast am Halitsch (Goldenen Horn) vor dem Serai.
Janitscharen: Eliteinfantrie, der Janitscharenaga ihr Kommandeur.
Kafes: wörtlich Käfig, die streng bewachte Prizenabteilung im Obergeschoß des Serai, aus 12 Apartements bestehend.
Kalga: Stellvertreter des Tatarenchans.
Kalif: Stellvertreter, in osmanischer Zeit der Sultan selbst.
Kadi: Richter, führt den Efendi-Titel, dem Namen nachgetragen.
Kadiaskeri: Oberstland- und Heeresrichter, die jeweils höchste Molla von Rumilien und Anatolien.
Kalfa: Helfer- und Vertreterin im Harem.
Kapu Aga: Herrn des Tores, auch Dar üs Saade Aga (Herr des Tores der Glückseligkeit), Oberstshofmeister, Leiter der inneren Palastschule für Hof- und Staatsbedienstete, oberster weißer Palasteunuch.
Kapudan Pascha: Marineminister und Großadmiral.
Kalewi: Staatsurban mit Goldstreifen der Wesire.
Kalpak: hohen Pelzmütze, von Persern und Christen im Osmanischen Reich getragen.
Kapanidscha: Ehrenpelz, der Großwesir trug ihn auf einem Kaftan aus weißen Atlas, der Sultan einen goldurchwirkten Kaftan.
Kapidschi: Torwächtern und Portiere des Serai.
Kapidschi Baschi: Kammerherrn des Sultans.
Kerbela: die heilige Schrift alles Muslime.
Khan oder Chan: Fürst.
Kethüda: Stellverteter, ähnlich dem Kjaja.
Kislar Aga: Herr der Mädchen, obersterschwarze Eunuch.
Kjaja Beg oder Kethüde Beg: Vertreter des Großwesirs bei seiner Abwesenheit.

Köschk: Kiosk, Lusthaus zur Erholung.
Koran: das Heilige Buch der Muslime, die wörtliche Offenbarung Allahs an den Gesandten (Rasul) Mohammed.
Kulkjaja: stellvertretenden des Janitscharenaga und zweiter General der Janitscharen.
Malikiane: ebenslänglichen Pachtungen.
Masdschid: kleine Mosee, oft mit angeschlossener Mektib.
Meddah: Erzählkünstler oder Märchenrezähler.
Medrese: Koranschule, islamwissenschaftliches Gymnasium an Dschamis, mehrstufige Hochschule an kaiserlichen Dschamis (zur Ausbildung der Kadis).
Mektib: Grundschule.
Mewlewi: Bruderschaft der tanzenden Derwische.
Mewlewihan: Versammlungshaus der tanzenden Derwische.
Mirza: auch Mirsa, persisch Fürstensohn, Fürst; bei Herrschersöhnen dem Namen nachgestellt und sonst vorangestellt.
Molla: oberste Richter.
Moscheen: die kleinen Masdschids und die großen Dschamis.
Mudderis: Professor an der Theologischen Hochschule.
Nureddin Beg: zweiter Stellvertreter des Tatarenkhans.
Muezzin: Gebetsausrufer.
Mufti: Rechtsgutachteri.
Müteferrika: Hoffourier, Sendboten.
Mudschewese: hoher walzen- oder zylinderförmiger Staatsturban.
Mulasim: Anwärter für einen Richterposten.
Muta Nikah: Genußehe auf Zeit der Schiiten, eine Art der Prostitutiom.
Mudschtahid: Rechtsgelehrter mit der Befähigung zur selbständigen Urteilsfindung (Itschdihad).
Muslim: Anhänger des Islam.
Mütewelik: Verwalterstelle einer frommen muslimischen Stiftung (Wakf).
Naib: Substitut eines Kadi, Untersuchungsrichter.
Nakibol Eschraf (auch Nakib ul Eschraf, arabisch Naqīb al-aschrāf): Vorsteher der Emire (Prophetenabkömmlinge) und Reichsbannerträger.
Namaz: Gebet, arabisch Salath oder Sallat, aus sich mehrmals wiederholenden Rikats.
Nazir: Aufseher.

Nischandschi Baschi: der Staatssekretär für den Namenszug des Sultans, die Tughra.
Osmanen: Zunächst der regierende Sultan und seine Familie, dann sein Reich und zuletzt alle seine Untertanen.
Orta Kapu: Mitteltor zum zweiten Seraihof.
Padischah: Großherr bzw. Großkönig, einer der Titel des osmanischen Sultans.
Para: zweit niedrigste Münze des Osmanischen Reichs, zwischen dem niedrigeren Asper und dem höheren Piaster.
Pascha: etwa Exzellenz, Mehrzahl Paschalar, höchster militärischer Titel, dem Namen nachgetragen.
Reis Efendi oder Reis ül Kütab: Staatssekretär und Außenminister.
Rikat: Gebetseinheiten aus 10 Abschnitten.
Roßschweife: voran- oder nachgetragene Rangabzeichen (Wesire 3, Großwesir 5, Sultan 7).
Sandschak: Fahne, Bezirk oder Landkreis.
Sanschak Beg: Landrat oder Bezirkshauptmann, erhiet einen Roßschweif.
Sandschak i Scherif: die Heilige Fahne des Propheten.
Schah oder Shah: König.
Schahinschah: Großkönig.
Scheich (Scheik) ül Islam: der Großmufti von Stambul, oberster geistlicher Würdenträger.
Segbanbaschi: ein Janitscharengeneral.
Schehsade: wörtlich Königssohn, Prinz.
Scherif: der Edle, Nachkomme der Prophetenenkel Has(s)an oder Hus(s)ein.
Selimi: aufwendige Turbanform für höhergestellte Chargen.
Seid oder Seiyd: der Herr, Prophetenabkömmling nach Mohammeds Tochter Fatima und Alis, ähnlich Scherif, privilegiert zum Tragen eines grünen Turbans (nicht immer praktiziert).
Serai(l) oder Seray bzw. Saray: Schloß, vor allem das Topkapiserai (auch Jeni Serai, das neue Serai), offizielle Residenz des Sultans, oder das Eski (alte) Serai für die Sultanswitwen.
Serai Aga: Schloßhauptmann.
Serasker, auch Seraskier: Feldherr, Oberkommandierender.
Silichdar: Schwertträger, entweder schwere Reiterei (Kürsassier) oder den Sultan mit gezogenem Schwert begleitender Page.

Sipahi: leichte Reiterei.
Stambul: die innerhalb der Stadtmauern liegende Altstadt von Istambul.
Sufi: Asket, Mystiker.
Sultan: Herrscher.
Sunna: Handlungsweise Mohammeds, Weg, Pfad
Tataren: Turkmenischer oder türkischer Stamm auf der Krim.
Tatarenkhan: Herrscher der Krim aus der Familie der Girai, Kalga sein erster und Nureddin Beg zweiter Stellvertreter.
Tekke, arabisch Tarika: Kloster oder Versammlungsort von Sufi-Bruderschaften.
Topdschi: Artilleristen oder Kanoniere.
Tschausche: Offizier der Militärpolizei.
Tschausch Baschi: Reichsmarschall und Polizeiminister.
Tscharschisi: großer Markt.
Tschelebi: unter dem Efendi stehender Titel für gebildete junge Männer.
Tughra: Namenszug oder Wappen des Sultans.
Turban: gewickelt Kopfbedeckung in unterschlichen Formen.
Ulema: hohe Geistliche und Richter, Hochgebildete.
Ust Kürk: Amtspelz der Wesire, beim Großwesir auf weißem Atlas und beim Sultan auf goldgelbem Kaftan.
Usta: Meisterin im Harem.
Walide Sultan(a): Sultansmutter, erste Dame des Harems.
Wakf: fromme muslimische Stiftung, meist einer Dschami oder Masdschid angeschlossen.
Wali: Provinzstatthalter, zugleich Beglerbeg.
Wekil: Verwalter, Gouverneur.
Wilajet: osmanische Provinz.
Wesir: Pascha mit drei Roßschweifen, Minister oder Provinzgouverneur, trug bei Gala einen Turban mit goldenem Streifen.
Woiwoden: auch Hospodare, Vasallenfürsten der Walachei und der Moldau.

www.ingramcontent.com/pod-product-compliance
Lightning Source LLC
Chambersburg PA
CBHW070316240426
43661CB00057B/2668